SALIENDO DEL TRIBUNAL DE LOS HOMBRES

LA VERDAD DETRÁS DE LA RELIGIÓN

LUIS HERNÁNDEZ

EX RAPERO "BEBE D'NOISE"

"Hablar de libertad sin mencionar a Jesús es como intentar llenar un globo con nuestra boca sin tener pulmones".

- Luis Hernández

Dedico

Las primicias de este libro las dedico al Indescriptible y Eterno Dios, que me ha permitido habitar bajo su sombra y caminar por el sendero de la libertad sin prejuicios.

Gracias a mi esposa, Taniairí, la mujer que me ha dado la bendición de ser su compañero de viaje. Hoy describo su carácter con la mayor virtud que posee una loba, que defiende y protege la manada con su vida, sin medir consecuencias. Ella fue parte esencial para alzar mi voz en contra de los atropellos mayormente a la mujer en algunas comunidades de fe.

A mis hijos, pues son bendición de Dios y cada día que tengo el privilegio de verlos llenos de tanto para ofrecer, no olvido la grandeza de su amor a través de ellos. A mis padres porque nunca me abandonaron en los momentos difíciles, vivo eternamente agradecido de ellos. Mis hermanos, "Mariann", "Taty", "Pito", "Tata" y "Yari", porque cada uno tiene su toque particular y siempre han apostado a mi éxito. A mi suegra y aliada, "Rubí", quien hasta el sol de hoy me ha tratado como un hijo.

A mis amigos, en especial a mi hermano, "Nelo" por tu respaldo en todo lo que hago, siempre te montas en mis revoluces y no te tiemblan las manos cuando se trata de tu familia.

Dedico cada línea a los soldados marginados o expulsados de alguna organización religiosa por pensar diferente y no hacer silencio ante los abusos de sus líderes. Y a ustedes que todavía permanecen bajo el tóxico sistema eclesiástico, no desmayen, no están solos, Dios es justo... ¡Él hará!

ÍNDICE

El Autor

Luis Hernández, nació en la ciudad de Carolina, Puerto Rico (1977). Proveniente de una familia con bajos recursos, pero de principios cristianos. En su niñez enfrentó el divorcio de sus padres, su crianza fue compartida entre su madre, su padre y su hermana mayor. Su adolescencia fue interrumpida al enfrentar la justicia y ser restringido de su libertad, siendo ingresado en una prisión para jóvenes por el delito de robo de vehículo a mano armada.

Creció en la barriada Buena Ventura, una comunidad marginada y de pocas oportunidades para salir adelante, sin embargo en aquél mismo lugar, el lápiz y la libreta se convirtieron en herramientas de trabajo. Fue compositor y exponente de música urbana en el ámbito secular durante más de quince años (1990). "BeBe D' Noise" como se le conocía en el medio artístico, integrante de la agrupación internacional "The Noise" tuvo una carrera de grandes logros y exitosa; este joven ocupó importantes escenarios en países como: Venezuela, República Dominicana, Panamá, Honduras, Estados Unidos, entre otros.

En el 2006 el rapero atravesó por una crisis matrimonial que lo impulsó a buscar ayuda en el cristianismo para superar aquella situación; allí se "convirtió" como se le dice a los que deciden seguir la fe cristiana. Su entrega fue de tal magnitud, que abandonó por completo los escenarios y entregó los bienes que había recibido por parte de la casa disquera en aquél entonces.

Luego, Luis Hernández fue líder en diferentes facetas dentro de la comunidad cristiana, estudió cinco años en el campo de la *Teología* y compartió sus conocimientos a través de seminarios. Fue presidente en emisora radial *Fuente de Santidad* de contenido cristiano durante cuatro años y se mantuvo activo en la predicación por un periodo de siete años, fungiendo como presidente del ministerio Vidas Para Cristo, organización dedicada a evangelizar las calles de forma creativa.

Como autodidacta, actualmente se mantiene investigando sobre la gigantesca diversidad de religiones y el comportamiento ateo. Su meta es ampliar la visión y mostrar a un Dios sin divisiones, que trasciende culturas y no crea malestar en ningún sector.

Prólogo

Para el ser humano no existe mayor satisfacción que conocer su identidad y propósito en su travesía por la vida. En este rincón literario encontrarás respuestas a muchas preguntas que han divagado en tu cabeza durante años. No existe "Código de Silencio" para su autor, por ende, nos cuenta su experiencia de lo que él mismo cataloga "el tribunal de los hombres". Durante más de cinco años fue objeto de persecución por sus polémicas posturas. Nos cuenta sobre los atropellos a la mujer dentro de muchas congregaciones, la vida homosexual dentro de esta comunidad, el manejo irregular de las ofrendas y la corrupción rampante de sus líderes, entre tantos temas casi herméticos.

Para comprender la temática de algunos capítulos, es necesario conocer el surgimiento de ciertos grupos que aportaron al desarrollo del sistema extremista que hasta hoy viene afectando a la comunidad cristiana. Trataremos de resumir siglos de historia bíblica en sólo algunas páginas, sin restarle importancia a todo el contenido existente.

Este libro es vital para aceptar que gran parte de la iglesia contemporánea ha rechazado la maravillosa Gracia de Dios por seguir normas y posturas egoístas carentes de la esencia de un Dios Soberano. Pablo, en la carta a los gálatas, termina el capítulo 2 diciendo: *"Yo no tomo la gracia de Dios como algo sin sentido. Pues, si cumplir la ley pudiera hacernos justos ante Dios, entonces no habría sido necesario que Cristo muriera."* Gálatas 2:21 [NTV]

El sistema que hoy llamamos *legalista, farisaico o extremista* no es un concepto nuevo, pues desde tiempos antiguos se practicaba. Jesús confrontó en todo su esplendor a los fariseos y escribas, entre otros grupos extremistas y observadores de la ley. Todavía en pleno siglo veintiuno existen prácticas extremas en nuestras congregaciones. No ha desaparecido el deseo de hacer "justicia" con manos humanas, lo que algunos llaman *"Celo de Dios".*

Jesús dijo: *"Ustedes son verdaderamente mis discípulos si se mantienen fieles a mis enseñanzas; y conocerán la verdad, y la verdad los hará libres."* Juan 8:31,32 [NTV]

Es interesante ver que este texto se le aplica sólo a personas sin ningún conocimiento escritural, sin embargo Jesús le hablaba a judíos, que a su vez reclamaron ser hijos de Abraham, lo que implica que conocían la ley, por ende no aceptaban ser llamados *esclavos*, ya que en el judaísmo se enseñaba que creer en la ley de Moisés los hacía libres.

Cuando Jesús nos insta a conocer la verdad, no lo hace para que nos "empapemos" de una información, sino de sembrar el conocimiento de ella en nuestro corazón. Saber que hay una verdad no es lo que liberta, sino la aplicación de ella en nuestra vida.

El propósito de *"Saliendo del Tribunal de los Hombres"* es levantar el ánimo y alentar la vida de aquellos que de alguna forma u otra fueron marcados por la *religiosidad*. La prioridad es que puedan identificarse y no seguir llevando en sus hombros el sentimiento de culpa o pecado que les hicieron cargar al pensar diferente.

Este ejemplar fue concebido en medio de una fuerte persecución; frustraciones, decepciones y pensamientos de no volver a creer en la existencia de un Dios Todopoderoso. Muchos "hermanos en la fe" alzaban sus voces exigiendo que el autor elevara su *bandera blanca*.

"Saliendo del Tribunal de los Hombres" no es una novela de chismes o un foro para alimentar el odio, sino el canal para ayudar a salir a aquellos que no han logrado conocer la verdadera libertad.

Jesús dijo: *"Vengan a mí todos los que están cansados y llevan cargas pesadas, y yo les daré descanso."* Mateo 11:28 [NTV]

"Llamar Pecado a lo desconocido es un vil atentado contra la misma esencia de quien es Dios".

- Luis Hernández

Cap. 1

Inquisición Pentecostal

No he visto otra denominación dentro del marco cristiano más "sangrienta" —hablando espiritual y socialmente— que la **Pentecostal Tradicional**; sus prácticas son el resultado de la evolución farisea, es un tipo de *inquisición*. Durante la época de Jesús existieron varios partidos y sectas muy reconocidas, pero la más peligrosa e influyente sin duda alguna lo fue la de los *fariseos*; este grupo intentó sabotear cada mensaje y cada parada que hacía el Mesías en su ruta. Los fariseos eran capaces de unirse a otros grupos rivales para conspirar en contra de Jesús [Mat. 16:1-4].

El capítulo 23 según el evangelio de Mateo es un espejo de lo que es vivir sin identidad; allí Jesús hizo un excelente desglose de las prácticas contraproducentes de los fariseos; en aquél desfile no le dio vueltas al asunto, el Maestro en repetidas ocasiones de aquél enérgico y contundente sermón les calificó de *hipócritas*.

—¡Guías ciegos! ¡Cuelan el agua para no tragarse por accidente un mosquito, pero se tragan un camello!* » ¡Qué aflicción les espera, maestros de la ley religiosa y fariseos! ¡Hipócritas! ¡Pues se cuidan de limpiar la parte exterior de la taza y del plato pero ustedes están sucios por dentro, llenos de avaricia y se permiten todo tipo de excesos! ¡Fariseo ciego! Primero lava el interior de la taza y del plato, y entonces el exterior también quedará limpio. » ¡Qué aflicción les espera, maestros de la ley religiosa y fariseos! ¡Hipócritas! Pues son como tumbas blanqueadas: hermosas por fuera, pero llenas de huesos de muertos y de toda clase de impurezas por dentro. Por fuera parecen personas rectas pero, por dentro, el corazón está lleno de hipocresía y desenfreno.

Mateo 23:24-28 [NTV]

No hubo falsa enseñanza que Jesús pasara por alto; su mensaje a estos grupos fue directo y agresivo. El Maestro nunca permitió que la levadura de los fariseos se estacionara delante de él, fue duro y enfático a la hora de señalarlos. El apóstol Pablo, uno de los escritores más respetado e influyente de la era primitiva, también confrontó las diferentes sectas que intentaban persuadir a los creyentes; a tal punto que fue duramente perseguido y tildado de "hereje" por abandonar el judaísmo, religión a la cual pertenecía.

En la era moderna, nuestra generación enfrenta los más sutiles, pero destructivos ataques de la descendencia de aquellos grupos. Hoy día existen *fariseos, saduceos, esenios, zelotes,* entre otros partidos y sectas, con la diferencia de que aquellos antiguos grupos disfrutaban de un vasto conocimiento escritural, mientras la base moderna lo hace en el nombre de Jesús, pero lejos de sus prácticas.

"La enseñanza pentecostal extremista te acerca a su organización, no a Jesús".

¿Iglesia o Campo de Concentración?

Según el diccionario, un *campo de concentración* es un centro de detención o de confinamiento en masa, sin juicio ni garantías judiciales.

Cuando me detengo a leer lo que define un *campo de concentración*, engendro la siguiente pregunta: — ¿Acaso no es lo mismo que se practica en muchas congregaciones? ; De manera espontánea nace el fruto de esa pregunta: —Sí. Nuestras comunidades de fe han sido secuestradas y sus miembros despojados de sus derechos; algunos líderes creen ser dueños y señores de las personas. Escuché en una ocasión a un pastor decir: —"Yo soy el co-pastor de esta congregación, porque aquí el pastor es Jesucristo", esas palabras no sólo pueden brotar de un corazón que ama a Dios, sino de alguien que ha sido separado para reflejar la humildad de Jesús, digno de imitar. Pero en otros casos se emplea la astucia como método para controlar cada movimiento de los miembros.

—En una ocasión, conversaba con un pastor que me manifestaba como ejercía su "autoridad" en la congregación que pastoreaba. Aquél hombre recibió en su oficina a una joven que necesitaba el consejo pastoral, sin embargo lo hizo sin su esposa estar presente, sin ninguna supervisión eclesiástica y sin ninguna preparación en consejería. El peligro de la situación es que este líder invadió la privacidad de la joven, según su relato, ella le confesó su adicción a la masturbación— a lo que le manifesté que era un tema sumamente delicado para hablarse en cuatro paredes sin testigos. Mi percepción era que de allí podían surgir versiones o situaciones para lamentar. El pastor con toda "autoridad" me sale al paso y me dice— varón, el Espíritu Santo era y es mi mayor testigo—. —Hice silencio. — Él aseguraba que aquella joven era poseída por un "espíritu de lujuria". Lo escuché un rato y me limité en expresarle— ¡tenga mucho cuidado!—.

Para comenzar, aquella joven era menor, fue un acto irresponsable del pastor, combinado con la confianza excesiva de sus padres, aunque desconocemos si eran miembros de la congregación. Desde una falsa acusación hasta una demanda a la organización son viables ante tal escenario. Pastores, ustedes no son dueños de los miembros en su congregación, ustedes son servidores, incluso en nuestro país es ilegal invadir la privacidad de un ciudadano.

Abstinencia Tóxica

Nuestras congregaciones sufren de un fenómeno llamado: — *Abstinencia Tóxica*— creyentes que se privan de una vida sexual sana por diferentes motivos— algunos con cierta validez bíblica y otros sacados de contexto.

La masturbación es uno de esos "pecados" condenados severamente por el liderato eclesiástico. Sin embargo científicamente está confirmado que es de gran beneficio para nuestra salud, siempre que no se haga de forma desmedida. Aunque esta posición puede resultar escandalosa, no deja de ser un dato, incluso en parejas puede practicarse la masturbación como un estímulo en la relación. No he encontrado ningún texto de forma directa que señale este acto como una práctica pecaminosa.

Demonios, espíritus y ataduras— esta es la trinidad de muchos pentecostales al momento de enfrentar alguna conducta normal del ser humano y que ellos le atribuyen la existencia paranormal.

La ausencia de consejeros o especialistas en la conducta humana ha provocado que muchos caigan en depravaciones sexuales e infidelidades.

Aunque la práctica de abuso sexual con menores, no es tan marcada en las denominaciones protestantes como en la católica, hay una ola de casos muy alarmante y debe atenderse con urgencia.

El peor obstáculo de un ser humano es encerrar sus conclusiones en una verdad absoluta. No podemos espiritualizar todo lo que encontramos a nuestro paso.

Nuestro sistema eclesiástico necesita reformarse; sus normas, su teología, sus líderes, la preparación y hasta su membresía han caído en un abismo llamado *conformismo*. Estas organizaciones, en su mayoría, le dedican mucho tiempo a la temática espiritual y se olvidan que viven en una sociedad con leyes.

Abuso Dogmático

Hemos adaptado la biblia a la teología de nuestra organización, lo que implica que la dogmática ha sido elevada a un rango de *Mandamiento Bíblico*. Podemos llegar a la conclusión que existen más escuelas de enfoque dogmático que bíblico; son una especie de campos de entrenamiento para la generación que está próxima a defender los postulados de la organización y no el evangelio de Jesucristo.

—En una ocasión mi esposa le preguntó al pastor— ¿Pastor, Marcela Gándara (cantante de música sacra) se va para el infierno por utilizar pantalones? —el pastor con su rostro enmarcado de seguridad, le contestó— Si, sin nada más que añadir. —El semblante indignado de mi amada no tardó en hacer su aparición, ella renegaba de aquella respuesta —el pastor movía sus hombros y dibujaba expresiones en su rostro de poca sensibilidad—. Fue un golpe bajo, mi esposa se hizo muchas preguntas: —¿Por qué entonces, si ella se va al infierno, cantan sus canciones?—¿Por qué si esa no es la vestimenta para ir al cielo, Dios no levanta cantantes con faldas, que causen el mismo impacto que ella?—. En el corazón de mi esposa nunca estuvo la idea de desafiar a Dios, sólo era señal de coraje e impotencia al ver la injusticia de los hombres.

Hay una barrera que en años no se ha logrado derribar, su soporte es tan fuerte que los creyentes se resignan ante ella. Cuando alguien decide cuestionar algún dogma caprichoso y se limita a no ponerlo en práctica, se cataloga como: —desobediencia— lo que implica alguna disciplina por parte de la iglesia y no podrá ser miembro activo de la misma, hasta que desista de su —desobediencia—. En ocasiones, si el creyente decide salir de esta congregación a otra, se le cataloga como —vanidoso— porque según sus interpretaciones personales, éste abandonó el lugar porque ama más las "cosas del mundo" que a Dios.

—En una ocasión quise preguntarle a un profesor de mi primer año en teología, sobre el controversial tema de la mujer con el pelo teñido —*Profesor sea sincero conmigo, no me conteste conforme a las normas del concilio, quiero que me conteste bíblicamente y sin ocultarme nada, ¿Comete pecado una mujer que tiñe su cabello?*

—a lo que el profesor sonríe a medias, hace una pausa acompañada de un rostro preocupado y me dice: —**Luis, lo que te diré es algo muy confidencial, no puedes mencionar mi nombre, ya que puede traerme problemas** —con mi cabeza afirmaba que mantendría su nombre en el anonimato— y en ese mismo instante, como si quisiera terminar el tema sin haberlo comenzado, me dice: —**no hay ningún texto que pueda vincular a la mujer que tiñe su cabello con el pecado, a no ser que lo haga con alguna intención pecaminosa proveniente de su corazón. Incluso, el texto utilizado para intentar sostener esa postura está fuera de contexto**

- Ni por tu cabeza jurarás, porque no puedes hacer blanco o negro un solo cabello.

Mateo 5:36

26

Cuando vamos a la biblia, el profesor me muestra los textos uno a uno y me explica —con lujo de detalles— lo que Jesús enseñaba en el verso antes mencionado; allí veo claramente que se trataba de los juramentos y la importancia de no ofrecer garantía con lo que pertenece sólo a Dios. Sin perder tiempo, no dudé en preguntarle, *pero y— Entonces, ¿Por qué en el concilio lo sostienen como una doctrina bíblica?* —A lo que el profesor me contesta en un tono bastante bajo —sin apartar de su rostro la preocupación— *eso puede dividir al concilio, puede crear un caos y conviene dejarlo como está.* Fue ese momento lo que hizo que mi ánimo se desplomara por unos días, no entendía tanto hermetismo, lo comparaba con una conducta mafiosa.

Al recordar el rostro del profesor que no escondía la vergüenza que cargaba sobre sus hombros, me surgían muchas preguntas, que parecían divagar sin respuesta alguna...

— ¿Por qué nadie dice nada? — ¿Existirá algún tipo de amenaza o sanción contra aquellos que se atrevan a hablar? — ¿Nadie más ha pensado como yo? — ¿Por qué Dios me ha permitido ver toda esta corrupción?

Definitivamente existen algunos motivos para el hermetismo existente:

> Efectos de un pueblo que no escudriña la biblia y rechaza la idea de ser analítico en el estudio de la misma.

> Miedo a perder algún cargo eclesiástico o que tomen algún tipo de represalias en su contra.

> El típico pensamiento— *"Esto no es conmigo"*.

> Un liderato carente de autoridad y postura.

> Miedo al caos que puede provocar la verdad.

Nuestro Silencio Alimenta el Imperio

Albert Einstein: "El mundo no está en peligro por las malas personas sino por aquellas que permiten la maldad".

Aunque tengo mis reservas con historias del Antiguo Testamento, el llamado de Jeremías tiene una excelente ilustración, comenzando con un mandato— Jer. 1:8,9

"No temas delante de ellos, porque contigo estoy para librarte, dice el Señor. Y extendió el Señor su mano y tocó mi boca, y me dijo el Señor: He aquí he puesto mis palabras en tu boca."

Para cualquier persona esto resultaría en un voto de confianza para su ministerio, el mismo Dios proveerá las herramientas, pondrá Palabra en nuestra boca y nos cuidará; Nada lejos de la realidad. A través de la Biblia, existen diversas historias en donde los hombres de Dios recibieron palabras como estas para enfrentar ejércitos, gigantes, reyes y naciones enteras.

El profeta Jeremías no fue la excepción, según el relato, Dios lo separó desde el vientre de su madre, lo llamó a profetizar en su juventud para desarrollar su ministerio en uno de los momentos más críticos del pueblo hebreo. Jeremías, conocido también como —el profeta llorón— por el dolor constante que sentía al ver a su pueblo alejado de Dios y tener la dura tarea de llevarles el mensaje de confrontación, tuvo momentos de luchas internas, como las que enfrentamos tú y yo hoy.

Renunciar a la Verdad no es Opción

En aquél entonces, nadie estuvo de acuerdo con el mensaje que compartía el profeta y al parecer él pensaba que los vituperios, las calumnias, las persecuciones o las constantes burlas contra su persona, eran un persuasivo para que Dios le abriera la puerta de escape a la "zona de confort". El profeta expuso su dolor y cuestionó la Palabra que Dios le había entregado, pero no pasó mucho tiempo de aquélla crisis emocional y como si fuera un hecho contradictorio, desde su interior comenzó a brotar un fuego que le consumía cuando intentaba cerrar sus labios; era más fuerte lo que Dios había sembrado en su corazón que las saetas que minaban su terreno.

Es natural actuar como el profeta y alzar nuestra voz al cielo para cuestionarlo en momentos donde sabemos que estamos en la perfecta voluntad de Dios, pero no cesan los ataques. Dios nos comprende, pero no nos exime de nuestra responsabilidad para desenmascarar a los sepulcros blanqueados.

Cap. 2

Libertados o Reprimidos

"Y conocerán la verdad, y la verdad los hará libres."

Juan 8:32 [NTV]

Conocer —del griego *"ginósko"* —saber absolutamente, llegar al conocimiento.

Saber que existe una verdad no te hace libre, hablar de la verdad no te hace libre, incluso, tener la verdad no te hace libre; Entonces—

¿ Qué nos hace Libre?

Querido lector, cuando estudio acerca de Jesús me maravilla cada línea que expresa en sus sermones, son palabras cargadas de vida y sabiduría. *Hablar de libertad sin mencionar a Jesús es como intentar llenar un globo con nuestra boca sin tener pulmones.* El ser humano fue diseñado para ser libre, es por esta razón que aunque viva lejos de su Creador, su corazón buscará refugiarse en lo que cree darle ese descanso. Todos andamos buscando libertad.

Jesús dijo: —*y Conocerán la verdad*— es fundamental agotar hasta el último recurso con cada palabra que leemos proveniente de este gran Maestro, no podemos ignorar los tesoros sumergidos dentro de cada letra. En una ocasión Jesús enseñaba y dijo:

—*Y entonces les declararé: **Nunca os conocí**; apartaos de mí, hacedores de maldad.*

Mat 7:23 [NTV]

Jesús no escatimó en cada gota de sinceridad. Aunque aquellos protagonistas pensaban que sus obras le hacían más "santos" que a los demás, no se hizo esperar la respuesta de Jesús.
—*Nunca os conocí*— **"Nuestra familiaridad no fue cortada, porque nunca había existido"**
[Extraído del Comentario Exegético y Explicativo de R. Jamieson , A. R. Fausset , D. Brown]

Jesús le estaba advirtiendo a aquél remanente sobre la importancia de vivir un evangelio sin máscaras, no era necesario aparentar una vida en *libertad*, si nunca hubo intimidad. La libertad no se alcanza, ella deshace nuestros pensamientos y se adhiere a nuestra vida. Hay quien cree poseer un alto grado de conocimiento escritural como para autoproclamarse verdaderamente libre —cuán lejos está de la verdad.

La libertad toca a nuestra puerta cuando abrimos nuestro corazón y hospedamos la verdad de Dios en nuestra vida; entramos en una relación saludable con nuestro Creador cuando llegamos a establecer esa amistad que Él resalta en Juan 15:15 *"Ya no los llamo esclavos, porque el amo no confía sus asuntos a los esclavos. Ustedes ahora son mis amigos, porque les he contado todo lo que el Padre me dijo."* [NTV]

Jesús dice: —*les he contado lo que el Padre me dijo*— lo que implica que hay un dialogo; hoy usted y yo conversamos con Jesús en oración y Él nos contesta a través de su Palabra, la naturaleza o en la tierna mirada de un niño.

¿Qué nos hace Libre?

Nos hace Libre el *"ginósko"*, **llegar al conocimiento** de quien es Dios, reconociendo que Él es quien gobierna nuestra vida y no existe otra enseñanza superior a esta. Nos hace libre, saber absolutamente que cuando Él entra en nuestro ser, no hay cabida para ningún otro huésped, lo que hace que mantenga mis pies sobre la verdad.

Bajo el Viejo Pacto, el pueblo buscaba la libertad por medio de batallas. Bajo el Nuevo, la libertad es un regalo mediante el único y perfecto sacrificio que se consumó en la Cruz del Calvario. Ya no andamos haciendo obras detrás de la libertad, sino que cuando conocemos la verdad, automáticamente la recibimos.

En una ocasión predicaba en un servicio para el cual fui invitado, al salir de aquella reunión se me acercó un joven no creyente y me dice: —yo quería pasar al frente, cuando hiciste el llamado, pero escuchaba muchas voces que se reían de mí —mientras el joven me manifestaba su situación miraba a todos lados entrando en pánico— es ahí donde le hago la pregunta — ¿Quieres ser libre? —el joven no me hablaba y sólo movía su cabeza para afirmar que quería reconciliar su vida con su Creador, pero no cesaba de mirar a todos lados, se mantenía susurrándome que los demonios lo estaban mirando y se reían de él. Comencé a orar por el joven en el estacionamiento y aunque no acostumbro a cerrar mis ojos cuando oro en este tipo de casos, lo hice por fracciones de segundos, fue ahí donde vuelvo a abrir mis ojos y lo veo frente a frente, su rostro completamente desfigurado, de su boca salían las más feroces amenazas y con sus manos intentaba agredirme, pero no le era permitido; Cerraba sus manos fuertemente y lanzaba golpes al aire con deseos de hacerme pedazos, pero en aquél lugar se levantó un cerco espiritual que lo sacudió lanzándolo al suelo; al caer, salía espuma negra de su boca, comenzó a gritar con furia, me miraba y me repetía constantemente —¡ te voy a matar! —¡ te voy a matar!

—*hasta que disminuyeron sus fuerzas y comenzó a declarar que había sido libertado. En ningún momento le hice preguntas sensacionalistas, del origen de los demonios, ni sus nombres. Mi interés y estoy seguro que el del joven también, era ser libre. Aquél joven comenzó a proclamar ¡Dios me hizo libre! No hice contacto para empujar su cuerpo, ni le grité, sólo elevé una oración al Dios del cielo y vi resultados.*

No fueron las reglas del concilio las que le regalaron el privilegio de ser libre, tampoco lo hizo afeitarse la barba; lo hizo libre el reconocer a Dios como dueño de su vida, él simplemente abrió su corazón para el proceso de limpieza.

"La libertad no se impone, ella se asoma y nos seduce."

Ninguna religión puede atribuirse por completo las llaves de la libertad porque esto proviene de un Ser Soberano que no se limita a prejuicios.

Conociendo la verdad y los tesoros de la libertad, puedo concluir que en muchas comunidades de fe, hay más personas reprimidas que verdaderamente libres.

Según el diccionario, **Reprimir** es: —Contener, refrenar un impulso o un sentimiento, contener por la fuerza el desarrollo de algo.

En mi recorrido ministerial pude compartir con diferentes evangelistas, pastores y ministros de renombre. En muchas ocasiones me percaté de sus prácticas erróneas y llenas de confusión cuando llegaba el tema de liberación. Los llamados "cultos" a Dios, se convertían en espectáculos que ridiculizaban a la iglesia. —¡Vergüenza Ajena!— Pero...

— ¡Gracias a Dios!— Siempre he tenido la dicha de expresar lo que siento —con respeto— pero sin restarle a la verdad. Así que cuando tuve la oportunidad, les pregunté sobre sus prácticas —Hoy, sigo esperando sus respuestas. La misma conducta sigue repitiéndose una y otra vez, vemos famosos evangelistas organizando sus grandes *"eventos de liberación"*, pero sin contenido genuino. La gente se emociona, lloran un poco y cuando se marchan del lugar, siguen creyendo que su Creador no los ama, pues siguen dependiendo de "cultos" para sentirse cerca de Él.

Cristianos Reprimidos

Estas campañas evangelísticas que se han convertido en pasarelas de moda, han creado una sociedad sin identidad y sin la capacidad de ejercer dominio sobre los malos hábitos. **Un homosexual no está endemoniado,** es un ser humano con una preferencia sexual distinta a la tuya. El verdadero problema comienza cuando intentamos —convertirlo en un hombre— se pisotea su dignidad sin piedad. Nos inventamos "pociones mágicas" y le recetamos quince días de ayuno para que sea "libre", hasta que logramos nuestra gran hazaña de subir la famosa foto a las redes sociales de *"Antes y Después de Cristo"* con el único fin de impresionar.

En muchas ocasiones proyectan a un "hombre nuevo", pero ese mismo —hombre nuevo— sobrelleva en sus hombros la pesada carga de mantener la imagen heterosexual que le vendieron. Tristemente viven presos de la apariencia, reprimen sus sentimientos, ocultan su llanto, hasta que se cansan y abandonan el sistema.

Jesús mantuvo claro dos mandamientos y fuera de ahí, no podemos emitir juicio.

—Maestro, ¿cuál es el gran mandamiento en la ley?

Jesús le dijo: Amarás al Señor tu Dios con todo tu corazón, y con toda tu alma, y con toda tu mente. Este es el primero y grande mandamiento. Y el segundo es semejante: Amarás a tu prójimo como a ti mismo. (Mat. 22:36-39)

Sin embargo, para el hombre es mucho más fácil aplicar dos o tres textos bíblicos que se aprendieron para caerle encima a los homosexuales y sentirse superior a ellos.

El tema de la homosexualidad en la biblia es bastante complejo, pues no existe un sólo texto que señale a alguna persona siendo intervenida para expulsarle un **"demonio de homosexualismo"**, lo que implica que podemos descartar la teoría de que sea un demonio.

Por otro lado y bajo la misma temática, la ciencia no ha confirmado que la homosexualidad guarde alguna relación genética, pero tampoco la descarta. Ha resultado curioso que el comportamiento de ser atraído por su mismo sexo no sólo se presenta en seres humanos, sino que existen otras especies con esta inclinación. La mayoría de las personas que son atraídas por los de su mismo sexo, aseguran haber nacido con esta conducta. —¿Quiénes somos tú y yo para refutar este contundente argumento?—.

Se ha intentado asociar una serie de acontecimientos como: —abusos, violaciones y hasta la crianza— como un disuasivo para demostrar que es una conducta adquirida en su desarrollo. Sin embargo no podemos llegar a una conclusión, pues existe una diversidad de casos que desafían cualquier rama de estudio existente. Tengo amigos y amigas de la comunidad LGBTT, me he relacionados con ellos, conversamos, hemos tocado el tema y nunca me he sentido hostigado. Muchos son profesionales, respetuosos y de gran intelecto, pero todos me han manifestado la misma preocupación —*Luis* —*realmente* — *¿Dios me ama?* — *¿Crees que yo entro al cielo?*—

Aquí voy. Partiendo de la premisa que el homosexualismo es pecado.

Hebreos 9:12 (NTV) —manifiesta esta poderosa conclusión de un sacrificio perfecto— *"Con su propia sangre — no con la sangre de cabras ni de becerros — entró en el Lugar Santísimo una sola vez y para siempre, y aseguró nuestra redención eterna."*

Según el escritor, los religiosos recurren a obras y rituales para agradarle a Dios, pero simplemente son sacrificios añadidos sin ningún valor delante de Él.

—*"Este es el nuevo pacto que haré con mi pueblo en aquel día —dice el SEÑOR— Pondré mis leyes en su corazón y las escribiré en su mente. Después dice: Nunca más me acordaré de sus pecados y sus transgresiones. Y cuando los pecados han sido perdonados, ya no hace falta ofrecer más sacrificios. Así que, amados hermanos, podemos entrar con valentía en el Lugar Santísimo del cielo por causa de la sangre de Jesús. Por su muerte, Jesús abrió un nuevo camino – un camino que da vida – a través de la cortina al Lugar Santísimo."*

Heb. 10:16-20 (NTV)

Conforme a esta enseñanza cristiana en los textos antes mencionados, nos revela que si el homosexualismo es pecado, es un pecado distinto al tuyo y al mío, pero en ambos casos ya se pagó el precio. En Juan 1:8 dice: *"Si afirmamos que no tenemos pecado, lo único que hacemos es engañarnos a nosotros mismos y no vivimos en la verdad"*.

Todos fallamos, incluso puedo garantizarte que existen más pasajes bíblicos que condenen la murmuración, que la homosexualidad —y la comunidad cristiana en su mayoría— padece de *"lenguatitis"*, pero lo catalogan un "pecado menor". — ¡Más daño hace esa condición que una persona que siente atracción por alguien de su mismo sexo!—.

En mi experiencia, como diseñador gráfico, he tenido la oportunidad de trabajar con el cliente a mi lado revisando su trabajo. En una ocasión frente a mi computadora, acompañado de un evangelista internacional muy famoso, discutíamos sobre los —planes de satanás— y como nos engaña muchas veces haciéndonos alucinar. No se hizo esperar y el evangelista me hace una confesión interesante,

— ¿Tú sabías que el diablo me ha tentado, haciéndome creer que me gustan los hombres? —Detuve mi trabajo, hice una pausa e inmediatamente le pregunté —¿Pero, si tú nunca has sentido atracción por personas de tu mismo sexo, ni has tenido alguna experiencia homosexual —¿por qué el diablo utilizaría esa "tentación"?. Al parecer fue una pregunta incómoda que no le permitió dar alguna respuesta sabia, sino que refunfuñó: —pues yo no sé varón, pregúntale al diablo porqué lo hace—. Sinceramente no le creí, pensé y pienso que se engaña a sí mismo y mantiene silenciado lo que realmente vive en su interior. Actualmente se mantiene predicando, pero solo él y Dios saben si es libre o si está reprimiendo lo que desea en su corazón. *"La tentación viene de nuestros propios deseos, los cuales nos seducen y nos arrastran"*. Santiago 1:14 (NTV)

► P. D.

Mi postura no endosa en ninguna manera la burla de algunos grupos pertenecientes a la comunidad LGBTT. No estoy de acuerdo con sus obras de teatro, paradas, comedias, ni sus actos vergonzosos ridiculizando a Jesús. Entiendo que existen recursos para hacer buen trabajo y no recurrir a la sátira con un tema que toca la fibra de alguna población.

— ¡Si exiges respeto, respeta!—

Cap. 3

Pentecostés y Santidad... La Distorsión

Para los judíos, Pentecostés representa la celebración de aquél momento que le fue entregada la Ley a Moisés en el Monte Sinaí, luego de haber transcurrido cincuenta días de la salida del pueblo hebreo de Egipto (la Pascua). En el caso de los cristianos marca el momento del descenso del Espíritu Santo sobre una multitud congregada, cincuenta días después de la Resurrección de Jesucristo. En ambos casos **Pentecostés es una celebración muy respetada.**

La Experiencia de Pentecostés no fue un cambio de vestimenta o la ausencia de accesorios en una mujer; *Pentecostés (Hch.* 2) fue una promesa cumplida, fue revestimiento. Tristemente han convertido la magna fiesta de *Pentecostés* en el escenario más vergonzoso y cobarde de la era moderna. Pentecostés para aquél entonces logró reunir más de un centenar de personas con un sólo sentir, dentro de aquél núcleo reunido no hubo una sola persona con pensamientos divagando en otra cosa que no fuera ser llenos del Espíritu de Dios.

Los Party's de los Pentecostales

Pentecostés ha sido distorsionado a tal magnitud que la celebración se ha convertido en un desfile de gritos, corre y corre, brincos y un baterista dando cantazos sin sentidos. No hay resultados efectivos, no se obtiene algún beneficio que haga crecer a los creyentes y se han centrado en entretener a los presentes hasta altas horas de la noche.

—Nunca olvido aquella ocasión que me extendieron la invitación para predicar en una campaña evangelística, que a mi entender, la temática debe ir dirigida a esa población que necesita una palabra de aliento. Llegué al lugar, desde el inicio ya sabía que estaban fuera de orden, la persona con el micrófono gritaba y manifestaba que veía a satanás caminando hacia donde estábamos, mientras acompañaba su "visión" con algunas frases cotidianas en las comunidades pentecostales —¡Se metioooooo Diossss! —¡Ayyyy Dios mío qué es esto! —señalaba y decía: —Ahí viene el enemigo, hagamos un cerco para que no pueda pasar por aquí —les confieso,

—miré para el lugar que aquél hombre señalaba y nunca vi nada.

Las personas presentes miraban y tampoco experimentaron nada, sólo se dejaban llevar por la emoción del "grito de guerra" que daba el "vidente". No les niego que comencé a preguntarme en tono de broma, pero —¿por qué no dejan que satanás les pase por el lado y me dan el micrófono para predicar e irme de este revolú?—. No vi la necesidad de permanecer por casi una hora, haciendo una cadena de lado a lado en una calle para que satanás no pasara, — ¡como si él anduviera en bicicleta por ahí!—.

Me entregaron la parte, me presenté con un tono alto para no perder la línea de lo que allí ocurría, aunque de una forma civilizada y sin gritar. Sus rostros se iban desmantelando poco a poco, esperaban a alguien que "escupiera fuego" o que aplaudiera aquél mejunje. Prediqué. Terminé — ¡Al fin!—. Aunque en todo el mensaje parecían locos por quitarme el micrófono y continuar con el "juego del cerco a satanás". -

47

Propensos a Caer en el Error

Los jóvenes ocupan el primer lugar en ser engañados por estos fenómenos, ya que están llenos de energía, sus emociones están disparadas y a eso le sumamos que es una nueva experiencia para ellos, lo que los hace vulnerables. La mayoría de los organizadores de eventos saben esto, ellos buscan los recursos para impresionarlos, contratan al predicador que está "pegao" y a la agrupación que los hace llorar. De esta forma logran llenar las expectativas y satisfacer su ego, midiendo el éxito por la asistencia a sus eventos.

En una ocasión fui testigo ocular en donde el evangelista invitaba a las personas para que pasaran al frente con el fin de orar por ellos, luego iba a sus redes sociales anunciando que todas esas personas "aceptaron a Cristo", todo se trataba de una buena estrategia publicitaria.

Cuando la iglesia comience a darle valor a lo que realmente lo tiene, verá una generación llena de poder, no hago referencia a un poder "súper espiritual", sino de poseer la capacidad para manejar conflictos correctamente, educados para enfrentar los problemas de generaciones futuras, empoderados, llenos de pasión por la vida y sobretodo reflejar a Dios con sus actos.

"En la juventud hay fuerza, pero también muchas hormonas revolcadas"

Santidad

"Seguid la paz con todos, y la santidad, sin la cual nadie verá al Señor. Mirad bien, no sea que alguno deje de alcanzar la gracia de Dios; que brotando alguna raíz de amargura, os estorbe, y por ella muchos sean contaminados"
Heb. 12:14,15 (RV 1960)

La biblia hace mención de la santidad, como el resultado de una vida correcta delante de Dios, una consagración espiritual.

El verso más utilizado por los grupos extremistas es *Hebreos 12:14* , pues éste hace la siguiente mención: —sin santidad nadie verá al Señor—. Sin embargo el verso comienza con una instrucción básica —*seguid la paz*— lo que indica que es muy importante no andar en pleitos con todo aquél que piense, se vea o hable distinto a ti. Incluso, el texto que le precede a este, continúa resaltando la importancia de manejar conductas internas, no externas. Note usted la línea —*que brotando alguna raíz de amargura, os estorbe, y por ella muchos sean contaminados*— hace énfasis en lo que pueda salir del corazón, las intenciones, todo aquello que es capaz de contaminarnos, como dice *Mateo:* —*Pero lo que sale de la boca, del corazón sale; y esto contamina al hombre. Porque del corazón salen los malos pensamientos, los homicidios, los adulterios, las fornicaciones, los hurtos, los falsos testimonios, las blasfemias*—. Mat. 15:18,19 (RV1960)

Jesús fue enfático en las cosas que el hombre no puede ver, en la conducta interior y sus deseos, tanto así que confrontó el argumento de esperar alguna evidencia para señalar el adulterio, sino que todo aquél que desea en su mente una mujer que no es la suya, ya adulteró.

En los tres años ministeriales de Jesús, nunca leí una línea que lo ubicara señalando el *"pecado de maquillaje"* o al hombre que utiliza pantalones cortos. Sus mensajes no se desperdiciaban, tocaban la fibra interna, iban dirigidos a sanar el corazón del hombre.

La Distorsión

El sistema eclesiástico moderno, en su mayoría, es experto en utilizar pasajes bíblicos que alimenten sus "argumentos de guerra". Paradójicamente, la *santidad* es el tema más controversial dentro de la comunidad cristiana, ha sido una de las principales causas de la división existente. Algunos clasifican la *santidad* por rangos de acuerdo a sus postulados. La denominación Pentecostal es la que mayormente enfrenta este conflicto entre sus filas. Incluso, dentro de una misma congregación pueden existir bandos contrarios.

— ¡así como lo lee!—. Con tan sólo ir a las redes sociales, podrá notar con facilidad que una gran parte de pentecostales tocan el tema de la *santidad*, pero de forma distorsionada. El problema comienza desde arriba, sus líderes, que en muchos casos vienen con una base errónea. Son los mismos líderes que mantienen esa enseñanza, que aunque carezca de contenido genuino, cambiar lo que una vez se enseñó como "verdad" puede atentar contra su membresía, pues esto sería motivación para que muchos abandonen lo que ellos llaman "el redil".

Santidad Exterior — ¿Dogma o Sana Doctrina?

Una doctrina es la enseñanza directa, contiene base escritural, no da paso a la interpretación personal. La sana doctrina se consolida en su propio texto. Una doctrina fundamental en el cristianismo es la —Salvación del ser humano por medio de Jesús— pues esta enseñanza se sostiene a través de toda la biblia.

Sin embargo condicionar la entrada de personas al reino —porque la dama usa pantalones, porque el caballero se saca las cejas o porque el jovencito se hace un corte de cabello moderno y va al cine, es un vil atentado contra lo que realmente es la sana doctrina.

En la actualidad se han levantado ciertos grupos que creen en la *"Santidad por dentro y por fuera"*, es un viejo concepto para los que quieren demostrar devoción a través de su físico. Este tipo de práctica es parecida a la de los escribas y fariseos, ellos creían en una "súper espiritualidad", observaban la ley para confrontar a Jesús - *"Entonces se acercaron a Jesús ciertos escribas y fariseos de Jerusalén, diciendo: ¿Por qué tus discípulos quebrantan la tradición de los ancianos? Porque no se lavan las manos cuando comen pan."*

Mat. 15:1,2 (RV 1960)

Note usted que el enfoque de aquellas sectas era la lealtad a sus antepasados, para ellos era de gran importancia no cambiar lo aprendido durante siglos de historia.

Esta conducta fue refutada por Jesús en diferentes escenarios - *¡Qué aflicción les espera, maestros de la ley religiosa y fariseos! ¡Hipócritas! Pues le cierran la puerta del reino del cielo en la cara a la gente. Ustedes no entrarán ni tampoco dejan que los demás entren."*

Mat. 23:13 (NTV)

Muchas de estas enseñanzas sobre *"santidad exterior"* provienen de textos mal interpretados, como Deuteronomio 22:5 - *"No vestirá la mujer traje de hombre, ni el hombre vestirá ropa de mujer; porque abominación es a Jehová tu Dios cualquiera que esto hace."*

En el texto parece condenar una vestimenta a simple vista, pero esto es más profundo. Una de las prácticas cananeas en sus cultos (paganos), era la depravación sexual como parte de sus rituales, esto incluía el intercambio de vestimenta. Según el señalamiento, el texto en Deuteronomio 22:5 forma parte de una serie de mandatos en aquél momento que resultaría absurdo aislar sólo un texto para crear una *doctrina* en la actualidad. En nota aclaratoria, la vestimenta hebrea no es nada parecida a la vestimenta de occidente, lo que disipa cualquier aplicación contemporánea. En el caso que decidieran aplicar este versículo, le obligaría a acogerse a los textos que preceden y los que siguen a su paso. —¡Es una locura!—

Estas enseñanzas en su mayoría, nacen en congregaciones con bajos recursos de enseñanza bíblica. Es motivo de tristeza saber que las comunidades bajo este yugo, son las más propensas al maltrato verbal y emocional, allí se patrocina el machismo en todo su esplendor.

Para que usted tenga una idea de las cosas absurdas que se prohíben en muchas congregaciones pentecostales, decidí hacerle una lista general:

A las Damas se les prohíbe

* Pantalones de todo tipo
* Maquillaje
* Joyas
* Zapatos abiertos
* Cabello teñido
* Tacones
* Cabello corto
* Uñas pintadas
* Arreglar sus cejas
* Rasurar sus piernas
* Pollina
* Predicar o enseñar

A los Caballeros se les Prohíbe

* Traer Barba (como dato curioso, permiten el bigote)
* Arreglar sus cejas
* Pantalones cortos
* Rasurar sus piernas
* Joyas

Se le Prohíbe a la Congregación en General

* Ir al cine
* Ir al gimnasio (deben utilizar falda)
* Escuchar música secular (contenido sano)
* visitar alguna otra congregación
* Ir de pasadía con la familia el día de "culto"

Este listado es una recopilación de lugares que fui invitado. Puede variar y algunas han ido modificando sus reglas, aunque no del todo.

Tuve la oportunidad de visitar congregaciones en donde a la mujer no le era permitido predicar, cantar o hacer cualquier otra cosa en el altar si estaba en sus días de periodo. Incluso, Se ha llegado a la desfachatez de exigirle al predicador chaqueta (saco), camisa manga larga y corbata, de lo contrario — ¡No predica! —

¿Todas estas cosas tienen alguna relevancia Para agradar Dios?

—No—. Estas prácticas son sacrificios añadidos a lo que ya se hizo una vez, sin nada que lo supere.

"Pero nuestro Sumo Sacerdote se ofreció a sí mismo a Dios como un solo sacrificio por los pecados, válido para siempre. Luego se sentó en el lugar de honor, a la derecha de Dios."

Hebreos 10:12 (NTV)

La actitud de resaltar la apariencia externa es evidente en las siguientes líneas, donde Jesús señala el esfuerzo de aquellos maestros de la ley en su intento de reflejar una vida piadosa por medio de la vestimenta.

"Aplastan a la gente bajo el peso de exigencias religiosas insoportables y jamás mueven un dedo para aligerar la carga. Todo lo que hacen es para aparentar. En los brazos se ponen anchas cajas de oración con versículos de la Escritura, y usan túnicas con flecos muy largos".

Mateo 23:4,5 (NTV)

Cap. 4

Jezabel

La iglesia moderna ha adoptado una práctica de interpretación bíblica que ha resultado nociva para nuestras comunidades de fe. El mayor obstáculo de esta interpretación ha sido la **"regionalización"** de la biblia. El creyente ha acomodado la Palabra a su pensamiento regional y no trasciende al contexto —hebreo y griego histórico—. Esto ha ocasionado que se distorsione lo que realmente deseaba expresar el autor. El apóstol Pedro dijo en su segunda carta: *"Tenemos también la palabra profética más segura, a la cual hacéis bien en **estar atentos** como a una antorcha que alumbra en lugar oscuro, hasta que el día esclarezca y el lucero de la mañana salga en vuestros corazones; entendiendo primero esto, que ninguna profecía de la Escritura es de interpretación privada, porque nunca la profecía fue traída por voluntad humana, sino que los santos hombres de Dios hablaron siendo inspirados por el Espíritu Santo".*

2Pedro 1:19-21 (RV 1960)

Según los acontecimientos bíblicos, está completamente claro que los mensajeros reclutados por el Señor fueron inspirados por el Espíritu Santo, y no hubo ninguna alteración en lo que Dios les comunicó desde un principio. Es por esta razón que la iglesia debe entender cuán importante es para Dios que su Palabra sea interpretada con responsabilidad.

En el verso anterior, el apóstol Pedro menciona una palabra clave: *—a la cual hacéis bien en estar —Atentos— como a una antorcha que alumbra en lugar oscuro—* según el diccionario secular de conceptos, la palabra *—Atento—* puede hacer referencia a quien está muy concentrado ante un estímulo; de escuchar, leer, oler, tocar, saborear u observar algo. Lo contrario a esto es —estar distraído— lo cual resulta peligroso para la vida del creyente. La atención es necesaria para quien desea aprender y no ser engañado sutilmente.

La interpretación bíblica NO se debe ejercer:

Comparando mi trato personal con el de otros.
Utilizando las dogmas de nuestra congregación.
Sin los recursos apropiados para su estudio.
Conforme a nuestra cultura

Una de las Historias mas tergiversadas de la biblia sin duda alguna, es la historia de Jezabel. Esta indeseada mujer aparece por primera vez en el primer libro de Reyes capítulo 16, y según el relato bíblico fue tomada como esposa por el rey Acab, induciéndolo a servir a baal (dios pagano). Fue propulsora de llevar a la nación a una de las peores debacles espirituales jamás vista. Esta mujer sedujo y persiguió a los profetas, matando a muchos de ellos.

Su maldad llegó a tal magnitud que el espíritu de esta mujer ganó notoriedad y es mencionada en Apocalipsis para describir la pésima condición de la iglesia en Tiatira. Allí el texto lee de la siguiente forma *"Pero tengo unas pocas cosas contra ti: que toleras que esa mujer Jezabel, que se dice profetisa, enseñe y seduzca a mis siervos a fornicar y a comer cosas sacrificadas a los ídolos."* Apocalipsis 2:20 [RV 1960]

Claramente el pasaje se refiere a un espíritu de manipulación, seducción y fornicación, haciendo referencia a la conducta en aquél entonces de Jezabel la esposa del rey *Acab [ver 1 Reyes 16:31 en adelante].* Sin embargo, lo triste de todo, es que la interpretación o la descripción de Jezabel que se predica hoy, no es la misma información que nos ofrece Dios a través de su Palabra.

Según algunas organizaciones eclesiásticas, Jezabel es —Una mujer que utiliza maquillaje, se atavía o tiñe su cabello, lleva aretes o algún accesorio, como collares o pulseras y viste pantalón. Lo que ellos describen como una mujer "vanidosa".

Cuando analizamos el texto en Apocalipsis 2:20, incluso leemos la historia completa de esta mujer en 1 Reyes 16, podemos llegar a la conclusión que existe una alteración de las Escrituras a gran escala en muchas congregaciones extremistas. —Jezabel— no se refiere literalmente a una mujer, sino a un espíritu que posee las características de aquél acto en 1 Reyes 16; puede ser un hombre manipulador, profano, fornicario y hostigador de la verdad. Pensar que esas prácticas sólo provienen de una mujer, es tildar a Dios de Machista.

— *¡Que Absurdo!*—

La Decepción

Una de las anécdotas más chocante para mí y mi esposa fue comenzando en nuestras clases de bautismo. Allí había una joven principiante, pero con muchos deseos de salir hacia adelante, entusiasmada porque se acercaba la fecha de ser bautizada. Nunca olvidamos que cada clase era interrumpida por sus preguntas y sus aportaciones, se veía optimista. Sin embargo, al cumplir el tiempo establecido para ir a las aguas y ser bautizados, ocurre lo inesperado, el pastor de la congregación le indica a la joven que no era suficiente cumplir con las clases requeridas, sino que tenía que modificar su vestimenta. Los pantalones deberían ser reemplazados por una falda o un traje, de lo contrario no estaba apta para la inmersión. Nunca más volvimos a verla, se nos hizo difícil digerir aquél acontecimiento tan absurdo. Privar a una persona de esta forma debe catalogarse un acto terrorista, no merece llamarse iglesia, sino una secta.

En aquél entonces éramos inmaduros en estos temas, así que decidimos continuar en el lugar, pero con el profundo dolor de la decepción.

La iglesia pentecostal enseña que entre más viejo te proyectes con tu vestimenta, más agradas a Dios.

Queridos líderes, esto no se trata de buscar la ropa menos moderna para reflejar una fachada bíblica, esto se trata de relación. — ¡Miremos en nuestro interior cual es la vestimenta que llevamos!—.

Ministerios Fragmentados

En cierta ocasión me invitaron para que compartiera el mensaje en una congregación, el pastor me recibió en la puerta y al parecer atesoraba mucho sus dogmas. Llegué como siempre acompañado de mi amada esposa, la cual forma parte del ministerio. Ella —que se caracteriza por su sencillez y elegancia, su maquillaje liviano y una sonrisa que dibuja en su rostro, entra de la mano conmigo por las puertas de aquél enorme templo, sin imaginarse que aquél hombre, llamado "pastor" intentaría dividir o descuartizar el ministerio que ejercemos. —*Ella no va a Tomar parte, ¿verdad?*— sin dejarme contestar, me afirma —*porque ella utiliza polvo en su rostro y yo no permito eso aquí*—. Con esas "hermosas" palabras fuimos recibidos por aquél aquél líder. Aunque respeto las normas de cada congregación, me pareció de mal gusto su intervención, sin tacto, ni sabiduría. Le contesté un poco molesto, pero calmado — *¿A quién usted invitó?* — ¡A mí, Verdad!— *pues no se preocupe que ella no tocará el micrófono.* Al final del sermón, el cual fue con el propósito de edificar y exhortar a la iglesia para que buscaran a los soldados caídos en combate, hermanos en la fe —que se alejaron por alguna razón— entrego mi parte y aquél líder se apodera del micrófono para contrarrestar el mensaje predicado en aquél lugar. —*Aquí en esta iglesia, la persona que se vaya por esas puertas, yo lo llamo una vez, si no me contesta la llamada... no vuelvo a llamar.* — *¡Que se quede por allá!* — Con aquellas palabras "alentadoras" el pastor de la congregación cerró el segmento del mensaje. — ¡Que dolor sentimos mi esposa y yo!—

Cuando salí de aquél lugar, nunca olvido el malestar que había en mi ser. —Mi esposa había sido maltratada por ese líder y yo no hice nada para defenderla— era el pensamiento que martillaba fuertemente en mi cabeza. Mientras conducía, íbamos callados por todo el camino, sin dejar de pensar en todo lo que pude haber dicho para defender a mi esposa. Sentía como Dios me confrontaba, **—ella es parte del ministerio —jamás permitas que nadie detenga la obra que puse en sus manos!—** le pedí perdón y le prometí que jamás volverían a fragmentar lo que Dios unió.

> *— ¡Al fin! —Exclamó el hombre—. ¡Esta es hueso de mis huesos y carne de mi carne! Ella será llamada mujer porque fue tomada del hombre. Esto explica por qué el hombre deja a su padre y a su madre, y se une a su esposa, y los dos se convierten en uno solo."*
>
> Génesis 2:23,24 [NTV]

¿Cuántos ministerios hoy día enfrentan estas tijeras espirituales?, matrimonios que Dios ha salvado y les ha llamado juntos al servicio. Los altares se han convertido en plataformas de ataque en contra de aquellos que sus esposas se atavían diferente a las mujeres de esa comunidad. He escuchado pastores, evangelistas y líderes señalar sin piedad a un hombre de Dios por la apariencia de su mujer. Más triste es mencionar los peyorativos utilizados por estos grupos, como —La mujer se parece a *"La Puerca de Juan Bobo"*, esto por su maquillaje. Esta expresión en forma de burla, no tiene cabida en el corazón de Dios, puede que alcance el aplauso o alago de quienes se disfrutan los "mensajes duros" cargados de señalamientos, pero jamás transformará una vida.

Algunos predicadores han optado por dejar a sus esposas en las casas, para complacer o "no ser de tropiezo" al líder que los invita —esto sería aportar al ego de estos grupos extremistas.

— ¡No es aceptable!—

Cap. 5

"Un Ejército de Caníbales

¿Soy yo, acaso guarda de mi hermano? —contestó el acusado— en un tono defensivo cuando el Juez le preguntó por aquél miembro de la familia. Había una escena de crimen —su autor fue motivado por los celos —*no logró reprimir su resentimiento* —dice un testigo. La víctima presentaba un fuerte golpe en su cabeza y fue encontrado en un paraje solitario. La investigación dice que el acusado no tenía antecedentes penales y su conducta era intachable, pero un potencial testigo alzó su voz diciendo —*él es el culpable, su semblante cambió cuando se percató que su hermano prosperaba en todo lo que hacía.* —*Señor Juez, un buen hombre jamás se molestaría por el éxito de su hermano* — *¡él es el culpable, él lo mató!* — *repetía constantemente el testigo.*

El abogado del acusado, solicitaba la evidencia. No le bastaba con escuchar el desfile de pruebas presentado. Hasta que fiscalía sentó en la silla de los testigos a su mejor recurso —la **sangre de la víctima**— ella gritó por justicia desde el momento de la tragedia. El Juez determinó culpabilidad en su modalidad —Grave.

Lectura de Sentencia:

- Maldición por el resto de sus días [Gén. 4:11]
- Expulsado de su patria [Gén. 4:11]
- Alimentación de segunda clase [Gén. 4:12]
- Nadie puede tomar venganza, sino que vivirá y morirá sin paz en su corazón [Gén. 4:13-15]

Caín y Abel

Constantemente vemos a un ejército autodestructivo, las redes sociales y los altares son la evidencia más contundente para probar que las imágenes más sangrientas no provienen de Hollywood, sino de los mensajes cargados de odio en nuestras congregaciones y de los "post" en las plataformas digitales, capaces de degollar la Fe de muchos.

Lo sé —no sueno muy alentador, pero la peor desgracia de un pueblo es no atender sus desaciertos. En mi país, como en la gran mayoría del mundo, ocurre un fenómeno muy peligroso llamado: —INSENSIBILIDAD— nos hemos adaptado tanto a ella que ocurren sucesos violentos a nuestro alrededor y la cámara de nuestro teléfono celular último modelo se convierte en el lente de la morbosidad.

En la mayoría de los ataques terroristas perpetrados en algún país, se denuncia la poca atención a grupos que parecen inofensivos. Cuando discuten los informes posteriores a un ataque, encuentran que su primera falla fue no atender con rapidez los casos sospechosos.

Es triste enfrentar una tragedia, pero más triste es conocer que la tragedia fue planeada por redes internas y no pudimos hacer nada para detenerlas. Así ocurre en nuestras congregaciones hoy día; matanzas espirituales a diestra y siniestra, no por alguien del exterior o algún enemigo, sino por aquellos que un día te ofrecieron el camino de Vida. Sin embargo, la defensa más común para esta práctica dentro de las comunidades de fe, es que no podemos mirar al hombre, sino a Cristo. Tiene mucho peso, y parece irrefutable, pero esto lo utilizan para vestir y justificar su pésima manera de vivir delante de los hombres. En buen español, buscan "Zapatearse" de sus responsabilidades como creyentes.

De mis experiencias vividas, recuerdo el caso de una persona cercana y muy amada por mi hija, que por instrucciones de su pastor se alejó de nuestra familia.

Fue un golpe fuerte, no podíamos entender la acción de aquél pastor, nos resultaba difícil creer que una amistad de años, en los cuales fuimos leales, se derrumbara así porque sí.

Fueron momentos de confusión, porque cuando la persona nos visitó para darnos la noticia, su actitud era tipo "zombi", sólo decía que debía agradar a su pastor.

Le cuestionamos el porqué de su decisión, pero sólo repetía una y otra vez —debo agradar a mi pastor— porque la biblia dice: *"Obedeced a vuestros pastores, y sujetaos a ellos"*. Este es el gran problema de la interpretación a ciegas que la mayoría adopta. Sujetarse y obedecer no debe convertirse en ser presas de algún capricho, que a su vez destruye familias, matrimonios y amigos. Para muchos cristianos venerar las directrices de su pastor es insustituible, no importando sus consecuencias.

Una gran parte de líderes religiosos saben que la biblia tiene muchos textos que le dan la oportunidad de acomodarlos y ganar ventaja sobre sus comunidades de fe.

Jesús enseñó en su Palabra que ningún reino prevalece cuando está dividido, sin embargo en las comunidades extremistas enseñan que hacer alianza o unirse a otras denominaciones puede contaminarlos. En estos grupos no está permitido compartir con ninguna otra congregación que no comparta sus ideales, incluso pueden enfrentar alguna disciplina (penalidad) si deciden hacerlo. Los grupos que ejercen la fuerza o la violencia a través de sus enseñanzas se autoproclaman:

· Sana Doctrina
· Raja Tablas
· Extremistas
· Legalistas

Estos seudónimos representan orgullo para estas comunidades, tanto así que en sus mensajes recalcan la importancia de unirse a una congregación con las características arriba mencionadas.

Pero — ¿A qué ellos le llaman contaminación?

Ellos se refieren a alguna "contaminación espiritual", es un tipo de contagio que según ellos, mancha su proyección intachable.

¿Qué enseña la biblia? —Según el libro de los Hechos, a la altura del capítulo 10 nos revela algo parecido, los judíos no podían compartir, ni tan sólo acercarse a extranjeros, sin embargo este capítulo nos enseña que ya ese velo había sido rasgado, esa barrera había sido derribada en la cruz.

Así que lo que Dios ha limpiado no puede ser llamado —*Inmundo*—.

Esta división es la que ha confundido al ser humano, las personas no saben a quién creerle. Siempre se inventa una "contaminación" nueva para separar un grupo de otro, causándole más daño a los de afuera que a los de adentro.

Las redes sociales durante los últimos años han sido las mejores herramientas para adelantar cualquier causa, también es el lugar perfecto en donde podemos recopilar suficiente información para estudiar la conducta humana. Es allí donde se debaten fuertes temas entre cristianos, que hablan del mismo Dios, pero en su afán, pelean por demostrar quién es más "santo".

Celo Ministerial

El celo ministerial es otro factor que ha causado atraso en los intereses de la comunidad cristiana. Cada congregación nombra a sus líderes de diferentes maneras, algunas van a votaciones escogiendo su candidato y otras se inclinan a esperar "las directrices divinas" que recibe su pastor. Independientemente cual sea la forma, nacen "ministerios", ya sean evangelistas, maestros, profetas, adoradores (cantantes), etc. y aquí comienza la acción.

Igual que en todo lugar donde hay seres humanos imperfectos, existen los desacuerdos, pero jamás imaginé ver a una persona "transformada" por el poder de Dios, con titulo de pastor, buscar la forma de entorpecer el éxito de otro. He aquí mi experiencia...

Perseguido por el Concilio

Viví muy de cerca lo que significa el *celo ministerial*. Mi esposa y yo presidimos el *Ministerio Evangelístico Vidas Para Cristo*, una organización exitosa y de mucho alcance. Nuestro plan siempre fue el de unir diferentes congregaciones para realizar el *Servi - Carro de Oración más grande en Puerto Rico* — ¡Lo logramos!—. Esto requería más esfuerzo y mantener el orden en todo lo que hacíamos, así que las personas impactadas en el lugar de la actividad eran anotadas en una lista para luego ser distribuidas a la congregación más cercana —no nos pertenecían— nos convertimos en distribuidores de almas. Todos los participantes se esforzaban para que el mensaje llegara a más personas.

Sin embargo en una de las actividades celebradas, experimentamos una de las situaciones más desagradables, quien fuera mi pastor para ese entonces por un corto periodo de tiempo, comenzó a conspirar en mi contra para obtener el crédito de lo que allí sucedía— pero no conforme con esto— anotaba a las personas que impactamos con la intención de llevarlas a su congregación, intentaba sabotear lo establecido por los organizadores. Lo cual no estuve de acuerdo, pues nuestra actividad tenía un comité dirigido a eso. Cuando decido cuestionar su acción, me dice: —Luis, yo soy tu pastor— a lo que le respondo, —pastor y yo soy el organizador del evento y nuestras normas se respetan—. Desde ese momento levantó una campaña en mi contra, comenzaron los ataques desde el altar, mi esposa dejó de asistir a la congregación por las constantes indirectas en cada servicio. Su persecución fue de tal calibre que

77

reunió a líderes del concilio, los cuales de forma unánime me catalogaban como un —posible divisor—. Ellos entendían que mi carisma podía "enamorar" a sus miembros, me veían como una amenaza. Fue tarde en la noche que recibí una llamada de un pastor muy amigo mío del mismo concilio —no hubo ningún tipo de saludo— sólo levanté el teléfono y escuché una voz en tono preocupante que dijo: —Luis, te quieren dar picota— (es una jerga de pueblo) el pastor me estaba indicando que el concilio quería mi cabeza, conspiraban expulsarme y hubo reuniones para hacerlo. Luego de conversar un buen rato con el pastor y cuestionar la práctica mafiosa del concilio —me sentí tranquilo y decidí salir con mi frente en alto— así que llamé al pastor local y le dije que no había necesidad de hacer lo que estaba haciendo, que yo iba a salir del concilio con paz en mi corazón. Sus palabras fueron las siguientes:

— ¡Que bueno Luis, te felicito por tu decisión!—

A lo que le contesté — ¡Amén! —

He aprendido que un ejército pelea contra su enemigo, no entre ellos. A pesar de que cada rama en la milicia es diferente, que se visten diferentes, tienen armas diferentes, su lenguaje es diferente y el escenario de guerra es diferente —ellos simplemente se dirigen hacia el mismo objetivo, su enemigo.

El Ateo

Hace unos años hablaba con un ateo —me fascina escucharlos— aunque en ciertos momentos podía palpar su deseo de conocer más allá de lo habitual y en otros me conformaba con sus alocadas teorías del origen humano. Sin embargo dentro de sus argumentos, hubo uno en específico que me marcó y puso mis rodillas a temblar —incluso todavía al día de hoy— martilla en mi cabeza aquella observación.

Me dijo lo siguiente:

—Los cristianos deberían primero resolver sus asuntos internos, ponerse de acuerdo, dejar las guerras entre ellos, predicarle a sus familiares que andan mas perdidos que el diablo, y luego tratar de hablarnos de ese dios que pone todo en orden como ellos dicen—. —¡Que comiencen por su casa!.

¿Qué decir? —frente a tal verdad. No fueron palabras del "diablo", fueron las expresiones de un ser humano analítico, un ser pensante, alguien que no está dispuesto a tragarse cualquier cuento. No pude debatir su exposición, aunque tenga argumento histórico de situaciones con el pueblo de Israel —así que opté por aceptar aquella solemne sugerencia.

"Entonces respondiendo Juan, dijo: Maestro, hemos visto a uno que echaba fuera demonios en tu nombre; y se lo prohibimos, porque no sigue con nosotros. Jesús le dijo: No se lo prohibáis; porque el que no es contra nosotros, por nosotros es." Lc. 9:49,50 (RV 1960)

Cap. 6

El Diablo Pide un Nuevo Juicio

No hay que realizar un estudio tan profundo para llegar a la conclusión que una gran parte de la comunidad cristiana vive más pendiente al diablo que a Dios.

Note usted,
—le llaman "pruebas y procesos" a sus malas decisiones
—le llaman "ataques" a sus descuidos y a la mala alimentación —le llaman "enemigos" a los que tuvieron diferencias con ellos. Esto forma parte de una subcultura, creada por el liderato. — ¿Por qué?— Piense por un momento en esto: —el ser humano no necesita tanto tiempo para crear un hábito, según teorías existentes se necesitan de 21 a 66 días para que un ser humano promedio adopte un hábito. Ahora analice, imaginemos escuchar lo siguiente casi todos los días:
—*Aquí hay gente que le están haciendo la guerra, pero hoy Dios te dice que los va a destruir*—.

Esto sucede con regularidad, el predicador sabe que en todas partes hay diferencias — ¿quién no ha tenido un compañero de trabajo que le haya hecho la vida imposible?—.

Este tipo de predicación constantemente martillando en la mente del creyente, estimula sus deseos de venganza.

81

La razón por la cual existe tanta enemistad en el pueblo cristiano, es por la gran cantidad de mensajes nocivos que salen de los altares. Son estos sermones cargados de odio los que van en aumento y la iglesia sigue creando el hábito y creyendo que la persona sentada a su lado, es su enemigo.

Estoy en el Proceso

Con el respeto que merece cada paciente, no quiero resultar gravoso con mis expresiones, pero tampoco quiero ignorar la condición en la cual se encuentra la iglesia. Aunque el tema espiritual es importante —también lo es cuidar nuestra salud— tanto así que la biblia alude que nuestro cuerpo es templo del Espíritu Santo. Sin embargo, conozco casos en donde el líder descuida su salud, anda con "cien condiciones" y en sobre peso por una mala alimentación. Después se siente orgulloso diciendo a través del micrófono que el diablo le está haciendo la "guerra". Este discurso es suficiente para contagiar a la congregación, de ahí en adelante todos están en "pruebas y procesos" con un demonio llamado *"Fast Food"*.

Ya es tradición decir que la goma reventada o que el corte de electricidad es obra del diablo —se ha fomentado el descuido como una buena excusa para acusar a satanás. — ¡No señores! — fue negligencia o simplemente, situaciones cotidianas.

Si fuera posible, el diablo exigiría un nuevo juicio.

Día Del Veredicto

— *¡Protesto!* — se le escucha gritar enérgicamente en el estrado —*su señoría, he vivido durante siglos con las consecuencias de mi pasado, he aceptado una y mil veces que me revelé contra mi Creador —pero no puedo seguir escuchando las acusaciones infundadas en mi contra. Los creyentes me señalan como el autor intelectual de sus problemas o situaciones cotidianas —¡No! su señoría— tengo la evidencia en mis manos— ¡la Biblia!.* Todos en sala no salen de su asombro —se escuchan susurros— algunos salen incrédulos de sala y al instante el juez golpea su mallete con grande molestia *¡Silencio!* —se apoderó una paz momentánea en aquél lugar— *¡veamos!* —dice el togado en un tono que transmite seguridad — *¡presente sus pruebas Sr. Diablo!* —.

No dudó en abrir el libro sagrado para presentar las cortas y tajantes líneas que le exoneran de aquella acusación —y en voz alta y clara dice:

—*según Santiago 1:14 dice: —la tentación viene de nuestros propios deseos, los cuales nos seducen y nos arrastran—.*

El juez se inclina hacia atrás en su majestuoso trono y analiza la primera prueba sin emitir palabra alguna. —El diablo continúa con su queja;

—*su señoría, no me parece justo que los creyentes en sus cultos evangelísticos, al aire libre —continúen hostigándome; se les daña el equipo de sonido —me acusan sin evidencia, comienza a llover —me reprenden con sus gritos, la policía le pide bajar el volumen de sus bocinas —y no tardan en manifestar sus famosas expresiones de "guerra espiritual" para insinuar que soy yo. —¡Ya estoy cansado!—.*

Presento una demanda de difamación —me han atribuido la paternidad de muchos que no piensan como ellos, llamándoles "hijos del diablo" —Sr. Juez le pido una reconsideración del caso.

Hemos recreado un escenario judicial, utilizando la tragicomedia para exponer una situación real.

Damas y caballeros, las escenas presentadas en el —juicio— se repiten una y otra vez en nuestras comunidades de fe, no ha cambiado nada. Hace unos días tuve la oportunidad de ver a una dama predicar utilizando sus redes sociales, los gritos eran desorbitados, la mayoría de los allí conectados le solicitaban bajar el tono de voz. Al parecer, aquella solicitud fue el detonante para comenzar a reprender y echar fuera a los demonios cibernéticos — *¡se van fueeeera en el nombre de Jesús!—*. Según la predicadora aquellos creyentes se habían levantado en su contra —eran entes de las tinieblas y a su entender —había oposición.

—¡Mi amiga, no!. No era oposición— era un grupo de personas interesadas en escuchar a Dios hablar por medio de la "mensajera", lo que resultó inútil —pues aquella mujer no estaba dispuesta a abandonar su puesto de "autoridad".

La historia del —juicio— no exalta la bondad del diablo, pero como seres de justicia tenemos que llamar las cosas por su nombre. Cuando echamos un vistazo a las cartas del apóstol Pablo en los comienzos de la iglesia primitiva —notaremos las pocas referencias en temas de demonios. El enfoque de las cartas iba dirigido a una conducta que era impulsada por deseos internos del ser humano. En la actualidad, pareciera que estamos infestados de demonios, los exorcismos se practican a diestra y siniestra. Hay algunos sectores religiosos que intentan convencernos sobre la aparición de estos entes espirituales en todo lo que nos rodea:

* Persona triste - demonio de depresión
* Persona enferma - demonio de enfermedad
* Homosexual - demonio de homosexualidad o lujuria
* Adicto a drogas - demonio de droga
* Alcohólico - demonio de alcohol
* Va al casino - demonio de avaricia

Entiendan que la adicción, las enfermedades, los problemas económicos, entre otras cosas no son representativos de actividades demoníacas, sino de un problema social. Nos ha tocado vivir tiempos desafiantes, hay una generación hambrienta de conocer la verdad. La nueva cepa no se conforma con historias bíblicas, ellos quieren ver acción. Hoy en día es más fácil ver a un artista aportar a una causa que a una iglesia haciendo lo propio. Nos hemos conformado con orar, orar y orar, ignorando que la fe sin obra es muerta.

Cap. 7

El Éxodo

La religión en general ha sido el vehículo para reunir millones y millones de personas a lo largo de la historia, algunas con más fuerzas que otras, pero en su mayoría operando bajo el mismo formato. Incluso, paradójicamente la religión también ha sido protagonista de grandes genocidios. Se ha matado a nombre de la religión y se han mantenido generaciones cautivas bajo el régimen de la religión. Cuando hablamos de la "religión", hacemos referencia a ese sistema que los hombres han sostenido por medio de la manipulación durante siglos. Por esta razón se puede identificar con rapidez la práctica repetitiva de sus lideres en la era moderna. Es como si regresara el fantasma de aquellas historias sangrientas y reencarnaran en personajes de la actualidad. En el caso de la denominación *Pentecostal*, no utilizan dinamitas para explotar a un grupo que piensa diferente a ellos, pero sus palabras sazonadas con pólvora pueden ser capaces de masacrar a toda una familia. Si has navegado hasta aquí y has comprendido la temática de los capítulos anteriores, debes tener una idea de lo que nos trae —El Éxodo—.

Así como muchas personas están siendo convencidas para pertenecer a algún grupo religioso, también hay una multitud alejándose. Una de las enseñanzas más comunes dentro de las comunidades cristianas, es la reunión de "los santos". Por años se ha utilizado Hebreos 10:25 (NTV) *"Y no dejemos de congregarnos, como lo hacen algunos, sino animémonos unos a otros, sobre todo ahora que el día de su regreso se acerca"*. Cuando leemos este texto a simple vista, no necesitamos alguna otra explicación para asistir a una iglesia. Sin embargo en el contexto lee así - *"Pensemos en maneras de motivarnos unos a otros a realizar actos de amor y buenas acciones"*. Note usted que una de las razones que utiliza el autor de la carta para la invitación es **motivarnos unos a otros**, no se trata de un mandato, sino de una sugerencia para aquellos que lo necesitan.

Éxodo - del latín "*exodus*", y del griego "*éxodos*" que se define como "*Salida*".

En la biblia es el segundo libro, es uno de los acontecimientos más importantes para el pueblo de Israel, ya que relata la liberación y salida del pueblo hebreo.

Me nació la idea de titularle a este capítulo —El Éxodo— por la gran cantidad de personas que he conocido luego de mis experiencias vividas bajo el sistema religioso, con situaciones parecidas a las mías. Encontré la necesidad de alzar mi voz por ellos, algunos salieron sin un norte, pero otros como yo —se alejaron de la iglesia para acercarse más a Dios.

Cuando llegué a la iglesia en el año 2006 no dudé en abandonar los escenarios, entregar mis bienes y dedicarme a la vida cristiana por completo. Vengo de una familia *pentecostal*, por lo tanto ya sabía cuál era el protocolo a la hora de "aceptar a Cristo". En mis primeros días todo fue —*Peaches and Cream* —*Alicia en el País de las Maravillas*— nadie me molestaba, todos los hermanos "me amaban" —fue una experiencia inolvidable...

— ¡Ojalá volvieran aquellos tiempos de inocencia!—.

Pero hay un viejo refrán que dice: —El muerto después de tres días apesta—

Cuando comprendes esta realidad, te conviertes en un ser analítico y no eres manipulable, esto puede causarte problemas, pero te protege de caer en los pensamientos del sistema.

Nombraré las cuatro causas más relevantes desde mi punto de vista y experiencias vividas para el éxodo masivo en la comunidad cristiana:

Abuso de Poder

Las masas son controladas cuando carecen de conocimiento, si un líder logra endulzar el oído de sus seguidores, estos no dudarán en poner las manos al fuego por él.

El mayor obstáculo que enfrenta un creyente para escapar de las garras de la religión, es la misma comunidad. Nadar en contra de la corriente puede resultar una traición para estos grupos, ellos serán los primeros en abandonarte —serás acusado de rebeldía.

El concilio al que pertenecí tenía un —modus operandi— cuando alguien le cuestionaba alguna mala acción y si representaba alguna "amenaza" para la organización —daban el primer golpe— se reunían y juntamente enviaban el mensaje al liderato de las congregaciones bajo su mandato. Tu testimonio sería puesto en tela de juicio— los miembros entre sí comenzaban con la mala propaganda— y finalmente llegaba tu muerte en el concilio. El plan ha funcionado hasta el día de hoy —se han quedado los manipulables.

Esta práctica no es nueva —veamos: *"Le escribí a la iglesia acerca de esto, pero Diótrefes — a quien le encanta ser el líder — no quiere tener nada que ver con nosotros. Cuando yo vaya sacaré a relucir las cosas que hace y sus infames acusaciones contra nosotros. No sólo se niega a recibir a los maestros itinerantes, sino que les dice a otros que no los ayuden y, cuando los ayudan, él los expulsa de la iglesia."*

3 Jn. 1:9,10 (NTV)

El abuso de poder a manchado la imagen de la iglesia a tal dimensión, que su credibilidad es cuestionable. Soy diseñador gráfico y trabajé con una gran cantidad de líderes, algunos me pagaban lo justo, otros nunca me pagaron —en ocasiones enfrenté la manipulación en todo su esplendor —varón esto es para Dios— bendíceme y no me cobres. El abuso de poder ha hecho que algunos creyentes se hayan visto afectados directa o indirectamente, esto los ha llevado a una salida inminente de las filas eclesiásticas.

Corrupción en el Alfolí

Aunque mi postura con relación al diezmo y las ofrendas es contraria a la mayoría de las comunidades religiosas, tuve la oportunidad de ver su manejo muy de cerca. En la biblia hay un texto que puede utilizarse para manipular este tema de forma muy fácil— Malaquías 3:8-10 (RV1960) *"¿Robará el hombre a Dios? Pues vosotros me habéis robado. Y dijisteis: ¿En qué te hemos robado? En vuestros diezmos y ofrendas. Malditos sois con maldición, porque vosotros, la nación toda, me habéis robado.*
Traed todos los diezmos al alfolí y haya alimento en mi casa; y probadme ahora en esto, dice Jehová de los ejércitos, si no os abriré las ventanas de los cielos, y derramaré sobre vosotros bendición hasta que sobreabunde."

El alfolí era el almacén o depósito de alimentos en el templo. El diezmo (10% de su sueldo) era depositado en aquél lugar para sostener a los sacerdotes, los levitas (la tribu más pequeña de Israel) y cada tres años a la clase pobre. Existían diferentes tipos de diezmos (Lev. 27:30-33, Núm. 18:26-28, Deu. 14:28-29), pero todos eran depositados en aquél lugar para ser repartidos de la forma establecida. Sin embargo no podemos perder de perspectiva que aquél impuesto tenía una razón de ser para un momento específico. Lo primero que nos debe surgir, son preguntas — ¿Por qué si este impuesto fue tan relevante en el Antiguo Pacto, no vemos unas palabras tan contundente como *Malaquías 3:8-10* en el Nuevo Pacto? — ¿Por qué en el surgimiento de la iglesia y las epístolas, el tema del diezmo es un misterio? —incluso— ¿Por qué los líderes modernos llegan a la conclusión que vas al infierno si no diezmas?

He aquí una de las razones por la cual muchos creyentes abandonan el sistema religioso —aunque viven enamorados de la fe cristiana. El tema del diezmo es extenso, pero fácil de debatir, la biblia dice que Dios es el dueño del oro y la plata, incluso enseña que de él es la Tierra, su plenitud y todo lo que en ella habita.

Esto es suficiente para cuestionar al liderato contemporáneo, Dios es capaz de levantar líderes con la capacidad de poseer las riquezas que él desee y no depender de las pesetas que se recogen en cada culto. Sin embargo vemos organizaciones religiosas embrolladas hasta el tope, jactándose de lo que Dios "les ha entregado".— ¡Señores seamos realistas!— ustedes contrajeron una deuda que los ha impulsado a elaborar estrategias para trasquilar a sus miembros. Su desespero ha tocado las puertas de la ilegalidad. Critican a la tienda de licor por el daño que ocasiona la bebida, pero ustedes operan una cocina dentro de sus templos sin los debidos permisos de prevención de incendio, salud o construcción. La biblia dice: Mateo 23:24 (NTV) —*¡Guías ciegos! ¡Cuelan el agua para no tragarse por accidente un mosquito, pero se tragan un camello!*—. Es muy fácil pasar por alto las verdaderas ofensas y cumplir con lo más accesible —utilizan su criterio para señalar a la licorería, pero sus irregularidades en el templo, se las zapatean con la famosa justificación —Dios conoce mi corazón—. Es un horror seguir llamándole "Bendición" a una deuda o lo que obtenemos por medio de la conducta fraudulenta.

Si bien ha resultado sorprendente ver estas prácticas, peor aún es ser testigo ocular de las jugosas ofrendas que son separadas para los grandes predicadores.

En una ocasión estuve en la oficina pastoral del concilio que pertenecí y observaba una discusión sobre la ofrenda en la actividad a celebrarse. El predicador invitado era perteneciente del mismo concilio —venía de Latino América— lo que implicaba cierta "reputación ministerial". Para mi sorpresa —escucho al pastor anfitrión decirle a otro pastor: — ¡al predicador invitado hay que tratarlo bien! —por lo menos que se pueda llevar 800 dólares —mínimos. No recuerdo si mi cara reflejaba la incomodidad interna, pero mis pensamientos iban en una carrera de circuito. La conversación giró en torno al dinero —el vocabulario era más de empresarios que de servidores del evangelio. Permanecí callado, los observaba en sus matemáticas y me transporté a las reuniones con el *staff* para mis contrataciones en las discotecas —era muy similar.

El mismo predicador en su gira por Puerto Rico, visitó mi congregación, allí el pastor le pagó otra jugosa ofrenda de casi 1,000 dólares, le obsequió una consola de juegos "Wii", entre otros artículos de valor. Mi molestia seguía creciendo, veía como a predicadores locales con ministerios de "menos alcance" les daban de 50 a 100 dólares —muy parecido a los eventos seculares con varios artistas, en donde se les clasificaba por su posición en las listas de popularidad.

El asunto no es la cantidad desmedida que se utilice para la —ofrenda— el problema es la cantidad de familias con necesidades básicas en estas congregaciones. Los pastores invirtiendo en cemento y varilla, pero algunos miembros están con la electricidad suspendida por no contar con los recursos para pagarla. Las iglesias continúan colectando dinero para "misioneros" que se pasan en los mejores hoteles de la República Dominicana— y tanto por hacer en nuestros campos. Los evangelistas sacando números para su próximo aniversario ministerial, pero siguen pasando los años sin que visiten un hospital.

La iglesia debería ser fiscalizada por alguna entidad privada o agencia gubernamental. Hay mucho desorden en el aspecto financiero, se gana mucho dinero en actividades catalogadas "Sin fines de Lucro". Si usted como líder está claro en sus finanzas, ¿por qué temer?. Como creyente que soy, y con mis pies sobre el pavimento, no se están haciendo las cosas bien, y encima de esto, se pisotea la dignidad de los que no compartimos sus enseñanzas.

Profecías Destructivas

Nunca olvido aquella noche en la iglesia local, se me acercó una anciana danzando y "profetizando" muy segura de sus palabras —¿Le estás pidiendo a Dios que borre el tatuaje de tu mano?— ¡Verdad!. —La miré fijo y le dije: —No. Nunca le he pedido eso a Dios—. Para salir del aprieto —la anciana me dice: —pues pídeselo—. En mi interior moría de la risa —¡Santo Dios!— es el cuento de nunca acabar —no cesan de dar palabras bajo la emoción. En mi caso —aquella "profecía" no me afectó en lo personal, aunque me pareció graciosa. Pero y —¿cuando recibimos una palabra de destrucción para nuestro hogar? —

Mi hijo mayor, como la mayoría de los jóvenes en un momento dado —tuvo sus conflictos de carácter y comportamiento, así que aproveché las circunstancias y lo invité a una campaña de jóvenes en la iglesia más grande del concilio —con la expectativa de ver un cambio en él. Allí el evangelista, frente a una multitud invitó a mi hijo para que pasara al altar, mi hijo al verse comprometido —le obedece. Con mi corazón palpitando fuerte de la emoción— lo acompaño, sin embargo todo se tornó incómodo —de aquél evangelista salieron las palabras más preocupantes que un padre puede escuchar — ¡te quedan tres días! — ¡si no tomas una decisión ahora, te matan en tres días! —.

Analizando que mi hijo sólo tenía trece años —miré al predicador y sabía que daba golpes al aire. Luego de aquella destrucción profética, mi hijo estuvo casi un mes sin salir de la casa, su preocupación no era para menos. Pasaron tres días, tres semanas, tres meses, tres años y nunca vimos la muerte anunciada —gracias a Dios hoy día tiene salud y me ha regalado un nieto—.

Este enemigo interno ha lacerado la credibilidad de la iglesia, aunque no es una práctica exclusiva de nuestros tiempos, se ha proliferado a grandes escalas. Uno de los casos más notorios, lo fue el del predicador *Diony Báez*, quien le hacía creer a la iglesia que convertía el agua en vino. Luego fue puesto al descubierto por un investigador que mostró a través de una plataforma digital el fraude espiritual del *Sr. Báez* —quien utilizaba un colorante para alterar el agua. Éste, entre otros grandes predicadores han sido emisarios de la mentira y responsables de destruir a tantas familias.

Una profecía mal administrada o una biblia mal interpretada —dos armas destructivas— capaces de desmembrar matrimonios y ciudades enteras. Esto se ha tomado livianamente, ignorando que es uno de los factores directos del éxodo cristiano.

"Habrá muchos que seguirán sus malas enseñanzas y su vergonzosa inmoralidad. Y, por culpa de estos maestros, se hablará mal del camino de la verdad. Llevados por la avaricia, inventarán mentiras ingeniosas para apoderarse del dinero de ustedes. Pero Dios los condenó desde hace mucho, y su destrucción no tardará en llegar". 2 Pedro 2:2,3 (NTV)

¿Quién me Dice la Verdad?

El ser humano se desarrolla haciendo preguntas. La naturaleza es tan perfecta que desde que comenzamos a emitir nuestras primeras palabras, surgen dudas y queremos conocer el porqué de las cosas.

Lo que viví dentro del sistema religioso me estimuló a buscar respuestas, despertó mi espíritu y me llevó a plasmar en una libreta todo lo que me acontecía. Me hice preguntas, le hice preguntas a otros y terminé preguntándole a Dios. Así que todo lo que atravesé, lo atesoré para que no se perdiera ningún detalle.

En una ocasión un famoso evangelista, y ahora pastor, me invitó a una comida en su hogar —hablábamos de todo un poco— así que decidió contarme una experiencia que tuvo con un conocido pastor de "santidad" —quien era dueño de una emisora cristiana y le encantaba "dar palos" por el micrófono. Sin embargo, aquél individuo tenía un "pillo de luz" en su emisora, en palabras bonitas, estaba hurtando el servicio de electricidad.

Cuando escuché aquella historia, sabía que me faltaban muchas cosas por ver en el sistema religioso. Aunque siempre anclé la mirada en Jesús, no podía ser tan indiferente frente a tanta maldad en las filas del evangelio. El silencio de la iglesia me consumía, todo lo solucionaban con— "ellos le darán cuentas a Dios", "oremos por ellos". ¡No!. —Me rehusaba a resolver toda la problemática existente con la oración.

En mi transitar se acercaron creyentes con tantas preguntas— desanimados, confundidos y cansados de los espectáculos. Sentí la obligación de buscar respuestas, sabía que mis inquietudes no eran golpes al aire, sino la señal para romper el silencio.

Desde el desorden de evangelistas preguntándole el nombre a un "demonio" —hasta los "gallineros" que se forman en los cultos, hablando en lenguas. — ¡No señores!— esa no es la "gloria de Dios". El apóstol Pablo fue severo con el tema de las lenguas, en especial con la iglesia de Corinto donde les dijo: — *No más de dos o tres deberían hablar en lenguas. Deben hablar uno a la vez y que alguien interprete lo que ellos digan—.*

1Corintios 14:27 (NTV)

Entonces, ¿Por qué estos eventos son los más concurridos? —El Desconocimiento y la inmadurez han sido los factores de mayor peso. Para muchos *pentecostales*, estos son sus "jangueos", son pocos lugares que sus pastores le permiten visitar que se adaptan a esta vida. Van en busca de satisfacer el vacío que les ocasiona la religiosidad, desean que el predicador les hable sobre su futuro, pero al final se percatan que salen peor que su estado anterior.

Llenar un estadio, sacar "demonios" y arrastrar multitudes no debe ser señal para identificar la verdad. Por eso cuando me preguntan — ¿Quién dice la verdad?, no me tiembla la voz y digo: —Dios—. Todas las denominaciones tienen sus escuelas de pensamientos y se inclinan a la dogmática de su organización —incluso tengo mis reservas con ciertas versiones y malas traducciones de biblias que hay disponibles.

Ser analítico y escudriñar todo lo que leo fortalece mi fe. Cuando logramos alcanzar la madurez como para estar de acuerdo con un ateo y al mismo tiempo diferir en alguna postura, nos hacemos sabios.

Cap. 8

Saliendo del Tribunal de los Hombres

La paz y el silencio también son armas poderosas de guerra. No todo el que calla, pierde —Ni todo el que habla mucho, gana. Dijo el Sabio en una Ocasión: *"Mejor es perro vivo que león muerto"*.

Muchas veces me paré firme frente a la mentira, en otras permanecí quieto, pero en ambas resulté vencedor. No existe mejor argumento cuando logras evidenciarlo con tu experiencia, no hay cabida para duda razonable, tienes un caso sólido. Por eso cuando desperté de aquella pesadilla llamada "religión", no me resistí al cambio. Es difícil desprenderse de personas y lugares, es natural que el ser humano se rehúse a tomar decisiones drásticas. Pero cuando logra ese cambio, se siente realizado. ¡He aquí mi experiencia al salir!.

Cuando descubrí que el cielo no es perteneciente a ningún concilio u organización, experimenté la más grande sensación de libertad que ningún ser humano haya vivido. Pensé en todas las normas que me hicieron cautivo de un sistema y en el peligro que corría mi familia.

Salir no fue nada fácil, tenía muchas personas a mi alrededor que observaban cada uno de mis movimientos. Fui figura pública —había abandonado los escenarios —trabajé fuerte en el evangelio junto a mi esposa y todavía quedaban huellas del esfuerzo realizado.

Aunque ya estaba decidido a escapar, me preocupaban los que ignorantemente ponían sus manos al fuego por aquella organización, sabía que eran buenas personas, pero cegadas por el sistema. El proceso no lo atravesé solo —mi esposa e hijos se afectaron por los ataques constantes e infernales de aquellos "seres de luz" hacia mi persona. Fue un largo trayecto, pero fue necesario que ocurriera de forma brusca —de no experimentarlo así— hubiese permanecido bajo aquél yugo. Lo que aquellos religiosos nunca imaginaron es que cuando ejercían presión, me fortalecían y alimentaban mi deseo de continuar educando con la verdad.

—Me preparas un banquete en presencia de mis burladores. Me honras ungiendo mi cabeza con aceite. Mi copa se desborda de bendiciones—. Salmos 23:5 *(NTV)*

¡Ya Salí!, Eso Pensé...

Conforme a mi llamado ministerial— comencé a pastorear en mi casa a los míos, los fui educando en una visión distinta. Mis enseñanzas iban dirigidas a la adoración genuina —no quería fomentar la práctica robótica que existe hoy día en la iglesia tradicional—. Allí lloramos de alegría, no había temor de acercarnos a Dios, todo fue muy diferente. Al pasar el tiempo, fuimos creciendo en la casa, se acercaban personas heridas, creyentes con experiencias similares a las nuestras, lo que nos impulsó a abrir las puertas de nuestro hogar y formalizar la visión. Conforme crecíamos, continuaban los ataques en las redes sociales, me dedicaban "memes" cuestionando mi enseñanza.

La mayoría de aquellos homicidas pentecostales no medían el alcance de sus burlas; —en una ocasión, mi madre me llamó preocupada y alertándome que me cuidara para que no me hicieran daño. —¡Imagínese cuánto terror infunden estos grupos!—.

Recibí llamadas en apoyo, pero también mensajes privados en mis redes sociales, como el de un evangelista que me profirió palabras en un tono despectivo —*Mira de dónde has caído.* —A lo que le reclamé— *Pues ora por mí en vez de criticarme* —pero aquél asesino con más fuerza, me contestó— *por ti no vale la pena orar, ya Dios te desechó.*

Esas bochornosas expresiones me hicieron ver al sistema religioso como una de las peores plagas que haya existido. Algunos miembros de nuestra congregación sintieron la presión que ejercían aquellos grupos y optaron por buscar otro lugar.

¡Otra vez nos quedamos solos!

—Entre risas nos miramos y entendimos que estábamos a la puerta de la experiencia más hermosa que hemos podido experimentar—. La libertad.

La Soledad Como Aliada

Nuestra vida tomó un giro inesperado, salimos de la ciudad que nos vio nacer, Carolina, Puerto Rico. Ambos, compartimos la idea de que era necesario comenzar en cero y mirar hacia nuevos horizontes. Necesitábamos darnos la oportunidad en un lugar retirado de los grandes edificios y el ruido urbano, así que fuimos adoptado por Fajardo, un pequeño pueblo al este de Puerto Rico, de playas hermosas y campos llenos de vida. Aquellas imponentes montañas me predicaban y me anunciaban que si Dios con nosotros, ¿Quién contra nosotros?

El silencio mañanero era espectacular, no puedo negar que en nuestros primeros días despertamos asustados, pareciera que la gente había desaparecido y quedamos sólo nosotros. —¡Definitivamente nos hizo bien el cambio!—.

Allí en la soledad nunca nos faltó paz, empleamos el tiempo en la lectura y disfrutamos momentos a la orilla del mar. Despertar al amanecer se convirtió en un ritual, agradecer a Dios por el rico aroma a café me enseñó que en las pequeñas cosas, Él se glorifica. Fueron dos años en aquél paraíso, los cuales todavía hoy atesoramos. Entre el silencio y el buen café —leímos dos libro que nos estremecieron— *"Lunes con mi Viejo Pastor"* y *"Todo es por Gracia"* de *José Luis Navajo* —dos diamantes literarios —sin duda alguna recobramos nuevas fuerzas.

Ya no veíamos a Dios en estructuras de cemento y varillas, mucho menos en sermones estructurados, esta vez aprendimos a verlo en la calma de un atardecer y en la fuerza de olas rompientes del mar, incluso en la agradecida mirada de un ser de cuatro patas que buscó refugio en nuestro hogar.

Allí llegó "Emma" —nuestra hija perruna— y fue ella quien nos rescató a nosotros, sensibilizando nuestra forma de ver la vida. Aprendimos que en la simpleza que ignoramos, están las grandes cosas que nos hacen crecer.

Luego de aquella magna experiencia, regresamos a nuestra ciudad Carolina —otros planes —nuevas metas y una mente totalmente renovada. ¡Claro! —Ahora con una nueva integrante en la familia, —Emma—.

Nunca hemos olvidado la fecha del regreso a nuestra ciudad natal, ya que ese mismo año (2017) fuimos sorprendidos por el huracán "María". Aunque fue difícil para todos los puertorriqueños, pareciera como si los vientos se hubiesen llevado aquella vieja historia.

Siempre nos enfocamos en las nubes grises de la tormenta, pero no podemos ignorar su cualidad de purificar los aires y el nuevo resurgir en la naturaleza.

¡Luego de la tempestad —viene la calma!.

—Hoy, todavía seguimos luchando y educando con una visión más amplia, cumpliendo con nuestro llamado pastoral. Hemos salido del sistema religioso con la frente en alto, nunca hemos abandonado la fe y nuestra convicción se mantiene intacta. Cuando me encuentro con creyentes en algún lugar y me hacen la pregunta —¿Te apartaste? —me sonrío con mucha paz y les contesto —No. No estoy apartado de Dios —sólo renuncié a un sistema que me alejaba de Dios, que no me permitía ser quien soy—. Ahora vivo conectado a Él sin fronteras, ni muros humanos.

—Pues la voluntad de Dios fue que el sacrificio del cuerpo de Jesucristo nos hiciera santos, una vez y para siempre—.

Heb 10:10 (NTV)

Cap. 9

Recuperando Nuestra Identidad

La franquicia de *"Kentucky Fried Chicken"* lleva más de cincuenta años con la receta original y no ha desaparecido, sus dueños se encargaron de crear una *identidad*. Como diseñador gráfico, cuando me consultan para un logo de su compañía, trato de recopilar toda la información necesaria con la intención de que su logo se convierta en una *identidad*. Muchos clientes quieren un *logo moderno, lindo o que se parezca a equis o ye producto*, ahí está el primer error. Se ha comprobado que cuando usted emula una marca reconocida e intenta encontrar algún parecido, le beneficia más a ella que a la suya, pues es difícil eliminar data que nos ha saturado nuestra memoria. En ese tipo de trabajo no existe *identidad propia*, sólo un producto más en el mercado. Por otra lado, un *logo lindo*, no le garantiza el alcance deseado. Podemos concluir que la prioridad de las grandes empresas es que el logo transmita lo que ofrece su producto.

El día que decidí entrar en las filas del cristianismo, no fue por decisión propia, sino por el impulso que provocó una crisis matrimonial. —Como dato interesante, el ser humano se acuerda de su Creador en situaciones adversas, —aun aquellos que no son muy espirituales— se inclinan a clamar por alguna intervención superior. No me arrepiento de aquella decisión —pues fue buscando salvar mi casa, pero mi identidad fue sustituida por la de aquella organización. Es natural la vulnerabilidad en momentos difíciles, pero de igual forma estamos susceptibles a ser engañados.

Aunque nuestra entrega a Dios fue genuina, el sistema religioso comenzó a hacer su trabajo. Adoptamos la conducta, la vestimenta y las enseñanzas de aquella organización, en nuestro corazón estaba el anhelo de —agradar a Dios— y ser aceptados por aquella comunidad.

En los inicios de aquella transición, no alcanzaba ver la construcción de mis barrotes. Poco a poco se elaboraba mi contrato de esclavitud en aquél lugar, no me percataba de la trampa. Mientras me mantuve sumiso a sus normas, no encontré oposición, recibía elogios por lo alcanzado —incluso fui promovido a algunos puestos dentro de la organización. Pero debía honrar la identidad del concilio, para ellos era muy importante la firma de aquellas tres letras de sus siglas.

La Reconstrucción

—Luego de transcurridos aquellos años tóxicos— salimos de la prisión y recuperamos nuestra identidad. Cuando vuelves a la libre comunidad, no te explicas como fue que soportaste tanto tiempo de culpa. Literalmente es un proceso de rehabilitación espiritual, construyes una coraza que te hace fuerte ante el ruido humano —tus oídos se afinan y te vuelves sensible a la voz de Dios—.

La palabra PERDÓN es la más difícil de pronunciar cuando en realidad tú no eres el culpable, pero ella misma es la que te hace más fuerte frente a los más imponentes muros. **El perdón hace grande a quien lo otorga y libera a quien lo recibe.** Existe más autoridad en alguien que perdona o pide perdón, que en aquél que intenta alzar su voz para reflejar una falsa autoridad. Hay bendición en una conciencia tranquila y en un corazón puro.

Cuando las ofensas nos enseñan a crecer y permiten exponer nuestras virtudes, hemos alcanzado un nivel de madurez envidiable. —No tan sólo te abasteces de estos beneficios, sino que eres conocido en los cielos. Jesús dijo —*Si perdonas a los que pecan contra ti, tu Padre celestial te perdonará a ti—*.   Mateo 6:14 (NTV)

Es natural renegar, sentir coraje y no perdonar al momento, pero no se puede vivir toda una vida bajo esos sentimientos. Aunque intentemos emitirle palabras a nuestro corazón para consolidar nuestra frustración, no hay nada que se pueda hacer contra nuestra propia conciencia. Martin Luther King dijo: —*El que es incapaz de perdonar es incapaz de amar—*. No existe mejor cura para el alma, que el perdón.

La reconstrucción no fue un asunto fácil, vivir sin conocer a Dios estando dentro de una "iglesia", te hace casi inmune, no deseas escuchar las mismas palabras de domingos. **Es una tarea de tú a tú con Dios,** lo que nunca lograste a través de sermones vacíos, puedes presenciarlo con tan sólo abrir tus ojos al amanecer. Cada vez que presento mis proyectos a Dios, siento su presencia, miro a mi esposa y le digo firmemente —**Dios está con nosotros—**.

Miseria Mental

—Hoy mi familia permanece de pies— ya hemos sanado y superado aquella opresión, pero no hemos dejado solos a los que permanecen allí. Seguimos en nuestra lucha incansable por erradicar el pensamiento de miseria que se fomenta en muchas comunidades de fe —no hablo en sentido material— aunque también ha sido un cáncer, pero no mayor a la miseria espiritual. Hablo de esa miseria en los recursos, la interpretación y lo que compone la vida cristiana en general. Seguimos activos en la fe, nuestra mentalidad actual no se limita a migajas religiosas, sino a el extracto de un Dios que todo lo puede, sin protocolos, ni intermediarios que entorpecen el acceso del ser humano a un Dios completamente alcanzable.

Es otro camino por recorrer, las riquezas del cielo han sido sustituidas por las sobras del sistema religioso. Nos toca ahora ser ese canal de salida —esa vía de escape— la reconstrucción de lo que otros han echado por el suelo.

Es tiempo de poner por obra lo aprendido, las experiencias vividas consolidan nuestra convicción. Salir del sistema no tan sólo te capacita para entrar libremente a la presencia de Dios, sino que nos permite ejercer autónomamente cualquier actividad relacionada a difundir su mensaje. La ausencia de rutinas tradicionales nos brinda seguridad para mostrar a Dios tal y cual es —no en base a una institución— sino a su esencia.

Dios ha sido creativo desde el Génesis, su forma de operar siempre va a sorprendernos —el hombre es quien lo ha encuadernado en sus filosofías huecas—.

Es de conocimiento que cuando perteneces a una organización religiosa, debes someterte a sus normas, lo cual limita la creatividad y cuartea nuestra libertad de expresión. Existe bien poca o ninguna probabilidad que alguna institución haga cambios a su reglamento por los intereses de un individuo, puedes poseer evidencia e incluso disfrutar de la razón, pero ellos se deben a la mayoría. Lo que implica que si la comunidad permanece dormida, solo te resta salir de la cautividad y salvarte a ti mismo. No dejes que el sistema te diga como manejar tu talento, eso no llegó a tus manos a la azar, fue Dios quien lo depositó para bendecirte y bendecir a sus hijos a través de ti.

—Después de mucho tiempo vino el señor de aquellos siervos, y arregló cuenta con ellos. Y llegando el que había recibido cinco talentos, trajo otros cinco talentos, diciendo: Señor, cinco talentos me entregaste; aquí tienes, he ganado otros cinco talentos sobre ellos. Y su señor le dijo: Bien, buen siervo y fiel; sobre poco has sido fiel, sobre mucho te pondré; entra en el gozo de tu señor—.

Mateo 25:19-21

Mi Identidad

La *identidad* es quien eres en esencia, es tu libertad interna, es lo más valioso de todo tu ser. Todo puede cambiar a tu alrededor, pero tu *identidad* es la que te sostiene, sin ella pierdes tus derechos y estarás condenado a vivir en esclavitud. Por tal razón es que el sistema religioso ataca fervientemente tu identidad, porque sabe la magnitud de su valor y de lo que eres capaz cuando ejerces un libre pensamiento.

La religión te enseña a ser dependiente totalmente del sistema, sus cañones van dirigidos a cambiar lo que eres, por lo que ellos quieren que seas. El "modus operandi" de la mayoría de los líderes religiosos, es idéntico al de los gobiernos en muchos países, —su prioridad es crear dependencia de servicios como: Ayuda alimenticia, subsidios, plan de salud, entre otros. De esta forma manipulan la capacidad de la ciudadanía de poder valerse por sí mismos.

— ¡**Basta ya!**— se puede vivir cerca de Dios sin pertenecer a organizaciones, ni estar bajo la tutela de un "pastor", nuestro verdadero pastor se llama "Jesús. Aprendamos a ser autodidactas, busquemos y estudiemos la Palabra en nuestra intimidad, —existen muchas fuentes con información veraz que nos nutren. No tenemos que esperar a llegar a la clase dominical para abrir la biblia y estudiarla con alguien que ya está pre dispuesto a su sistema. Tú eres dueño de tus actos, nadie va a cuidar tu corazón mejor que tú mismo. El "diezmo" y la "ofrenda", puedes llevarlo en alimento a los deambulantes, puedes hacer misiones en tu tierra y ayudar a los pobres —así estarás seguro de que tu dinero está siendo utilizado de forma correcta.

Hoy puedo dar gracias a ese Dios Soberano —que nos ha prosperado y nos ha bendecido como familia. Hemos emprendido en la vida, tenemos una base sólida, mis hijos tienen la libertad de amar a Dios y no ser objetos de la presión eclesiástica.

Nuestra Fe es más fuerte que nunca, no hay otro sacrificio que pueda superar al de la cruz. Nos refugiamos en sus promesas de amor incondicional, en su protección y la esperanza de verle cara a cara.

No vivimos enfocados en la ropa que trae aquella o en la música que escucha el otro. Para nosotros es mucho más importante reconocer a Dios en todo lo que hacemos, desde la salida de nuestro hogar, hasta el momento que se pasa en familia.

—Saliendo del Tribunal de los Hombres, fue posible gracias a la presencia de Dios en mi corazón y a su sabiduría empleada en cada capítulo para mantenerme firme por encima de cualquier prejuicio humano.

"Me gusta tu Cristo... No me gustan tus cristianos.
Tus cristianos son tan diferentes a tu Cristo"
—Mahatma Gandhi

¡Gracias!   *Luis Hernández*

SALIENDO DEL TRIBUNAL DE LOS HOMBRES

Made in the USA
Middletown, DE
13 October 2023

40719318R00076